亲爱的父母，请记住："儿童需要的绝对不只是吃的东西而已。"

　　　　　　　　　　　　——意大利儿童教育家蒙台梭利

就把孩子
当孩子

好家长应懂的
60 条心理法则

王春永 编著

中国青年出版社

目录

第一部分
有问题孩子，
就有问题父母

第二部分

不做"填鸭式"家长，
也能让孩子赢在起跑线上

第三部分

培养孩子的主动性，
比每次写出正确答案更重要

第四部分

按喇叭无法驾驶汽车，
怒吼也无法"驾驶"孩子

第五部分

与其当孩子的保护伞，
不如做个"避雷针"

第六部分

对孩子的真正教育是自我教育，真正控制是自我控制

第一部分

有问题孩子，
就有问题父母

1

自我效能感：
为什么孩子会觉得学习太难？

很多时候，并不是因为任务太难才使孩子失去信心，而是因为他们缺乏信心才觉得学习太难。

孩子以多大的精力和耐心达到目标，相比他的实际能力，更多地取决于他的自我效能感。

在生活中，有些孩子自信心不强，干什么事情都畏手畏脚。究其原因，这是缺乏自信的表现。

每个人在面对任务或困难的时候，都会对这些任务和自己的能力作出判断：我能否胜任这些工作？以我的能力，能应付眼前的困难吗？美国心理学家班杜拉在社会学习理论中，把人们对自己能否完成某项特定任务或应付某种情境的能力判断、信念及其自信等方面的感受，称为"**自我效能感**"。

自我效能感影响或决定人们对行为的选择，以及对该行为的坚持性和努力程度；影响人们的思维模式和情感反应模式，进而影响新行为的习得和习得行为的表现。

自我效能感高的孩子心中充满无限的可能性，他们相信一切都是可以超越的。美国 20 世纪现代主义著名诗人卡明斯（Edward Estlin Cummings）说："一旦我们相信自己，我们就能够拿好奇心、求知欲、愉悦等一切展现人类美好质量的体验来冒险。"

很多时候，并不是因为任务太难才使孩子失去信心，而是因为他们缺乏信心才觉得学习太难。在学习能力差不多的情况下，自我效能感高的学生，也就是对于完成好学习任务有充分自信的学生，取得的成绩会更好些。

正如美国心理学家齐默尔曼（B. J. Zimmerman）指出的：孩子以多大的精力和耐心达到目标，相比他的实际能力，可能更多地取决于他的自我效能感。

在孩子的成长过程中，孩子们会根据以下几个方面来判断自我效能：替代性经验——对其他人的表现的观察；说服——通过他自己的思考或者别人的劝说，确信自己能够做一些事情；情绪——它会影响自我效能水平，比如焦虑和兴奋。

我们可以从几个方面着手，来培育孩子良好的自我效能感：

第一，信任和鼓励孩子，在孩子的心中播下自信的种子。孩子会在内心记住这种信任，循序渐进培养自己的自信心。例如，"你的表现很棒！"这看起来简单，许多父母却做不到。

1996 年，美国心理学家班杜拉和他的同事，曾经对 279 名 11 ～ 14 岁的儿童和他们的父母进行调查研究，结果证明父母和儿童的自我效能水平能够相当程度地影响他们的学习成绩，而父母对孩子的激励，也有助于孩子获得好成绩。

以自信为核心的自我效能感，是孩子学习成功的关键。孩子也许会犯错误，也许会不断变化自己的想法，但他们能体会并且永远不会忘记你的鼓励和支持。如果你信任你的孩子，他们也会信任自己。

父母要杜绝那种不容置疑的批评，因为这往往让他们感到气馁，以为自己不够聪明，不会读书。这种过程是破坏性的，它会碾碎孩子的自我效能感，以为自己没有能力。

第二，培养孩子的自我效能感，需要让孩子看到自己的成功，并感觉他们能做到。

1981 年，舒恩克以算术成绩极差的小学高年级学生为被试，对自我效能感进行了研究。他为这些学生安排了一个星期的训练，在每次训练中他先让他们分别学习算术的自学教材，然后由榜样演示如何解题，榜样在解题时，一面算一面大声地说出正确的解题过程，最后再让这些学生自己解题。

而在他们自己解题之前，舒恩克要求他们把所有的题看一遍，并判断一下自己有多大把握来解每一道题，以此来了解其解题的自我效能感。结果发现，经过训练，这些学生的自我效能感逐渐得到增强，与之相应，他们解题的正确性和遇到难题时的坚持性也得到了提高。

这个实验再次证明，自信来源于孩子对所从事活动的熟练程度，而不在于与别人相比的优劣。孩子的自信，建立在能够看到自己熟练程度不断提高的基础上，必须通过孩子自己领悟才能得到。这不仅是一个学习能力的提高，更是一个自信提升的过程。

第三，让孩子学会自己面对挑战。必须通过指导、教育和创造性的活动，提高他们的自我效能感，让他们相信自己的能力。

在这个过程中，孩子所犯的错误都是有意义的，不存在所谓"愚蠢的错误"或者"不应该的错误"。在这方面，我们一定要记住美国育儿作家娜奥米·阿尔多特（Naomi Aldort）的话："真正的自信得益于'我能行'的信念。当孩子还是襁褓中的婴儿时，家长就务必时刻提醒自己：除非他提出要求，否则不要随便帮助他。"

第四，让孩子在群体中找到自信。

让他们有自己的追求的同时，加入群体，享受群体带给他们的快乐。对孩子们建立自我效能感来说，那些鼓励孩子协作的活动，要比充满竞争的活动效果更好。比如说，可以让孩子教小弟弟小妹妹读书。这样的辅导模式，会让小的孩子获得知识，而让大的孩子得到自信。

在孩子的学习过程中，真正的主角是他自己，别人的指导不是必不可少的。离开家长，孩子也可以自己把一个东西学得很好。

2

延迟满足：
为什么不要对孩子有求必应？

如果父母习惯于"实时满足"孩子，他就难以接受有限的等待和忍耐，耐性也就无法培养起来。

耐性或者说自控力，不仅能防止孩子吃掉一整袋的薯条或者把信用卡刷爆，甚至可以决定孩子将来是得到一份好工作，还是去坐牢。

急躁和缺乏耐性，是目前很多孩子存在的通病。典型的表现是：做什么都不够专心，看电视喜欢频繁换频道，看书或玩玩具也是三分钟热度，要求稍得不到满足，就会焦躁甚至跺脚尖叫……

追根溯源，今天的孩子越来越没耐性，和"快节奏"的生活环境以及我们的养育方式有很大关系：孩子渴了，不用再等热水放凉，有瓶装水和饮水机；孩子饿了，不用苦等饭菜熟，家中早备有许多点心小吃；要吃雪糕，打开冰箱就有；一出门就有车，根本不用劳驾双腿费时又费力气。

可以说，他们的一切欲望，都可以用现代的、快捷的方式，"立刻、现在、马上"满足。

然而，这种养育方式也会给孩子带来"爱的伤害"。在一些父母看来，给孩子一个快乐的童年，就是有求必应，而且越快越好。这无疑带给孩子一种错觉：我要干什么就得马上干什么。欲望越来越多，目标频繁地转移，稍不满足就是一场哭闹。

孩子们为这种"实时满足"式的成长方式付出的代价，就是耐性越来越差，对任何事情只有"三分钟热度"。

但是他们必须要在一个不会像父母那样实时满足他的社会中生活。正如比尔·盖茨所说："高中刚毕业，你不会每年赚到六万美金，你也不会成为享受汽车无线电话的副总统。除非你既当了副总统，又买了汽车无线电话。"

在这个社会上，耐性对他们至关重要，甚至超过他们学到的知识。因为人们不仅能很快洞悉他们的耐力程度，而且还会藉此评估他们是否可以信赖。

1960 年，著名心理学家瓦尔特·米歇尔（Walter Mische）进行了一个有关耐性的实验研究。

他把一些四岁左右的孩子带到一间陈设简陋的房子，然后给他们每人一颗非常诱人的软糖，同时告诉他们，如果马上吃软糖只能吃一颗；如果你能坚持到老师回来后再吃，将奖励一颗软糖，也就是说，总共可以吃到两颗软糖。

在十几分钟的等待中，有些孩子缺乏控制能力，经不住软糖的甜蜜诱惑，把它吃掉了。

而有些孩子领会了老师的要求，尽量使自己坚持下来，以得到两块糖。他们用各自的方式使自己坚持下来。有的把头放在手臂上，闭上眼睛，不去看那诱人的软糖；有的自言自语、唱歌、玩弄自己的手脚；有的努力让自己睡着。最后，这些有控制自己能力的小孩如愿以偿，得到了两块软糖。

心理学家继续跟踪研究参加这个实验的孩子们，一直到他们高中毕业。跟踪研究的结果显示：那些能等待并最后吃到两颗软糖的孩子，在青少年时期，仍表现出很好的自律精神和自控精神，能够等待机遇而不急于求成。为了长远目标，他们有一种暂时牺牲眼前利益的自控能力。

而那些急不可待只吃到一颗软糖的孩子，长大后则表现得比较散漫、做事有始无终，而且自控力弱、适应性差、喜欢依赖，不容易融入新环境；在挫折面前，往往表现出急躁、畏难甚至暴力的苗头。

总体来说，有耐性的孩子长大后取得的成就，远远高于其它没耐性的孩子。

那么，应该如何培养孩子的耐性呢？办法只有一个：培养他的自我觉悟、自我约束和毅力，并让他学会在决策时考虑后果。

对孩子欲望的满足，一般有延迟满足、适当不满足、超前满足、实时满足、超量满足五种方式。 为了培养孩子的耐性，应对孩子采取"延迟满足"和"适当不满足"。如果父母习惯于"实时满足"孩子，他就难以接受有限的等待和忍耐，耐性也就无法培养起来。它并非与生俱来，需要日复一日、年复一年地学习和自我克制才能获得。

当孩子想要马上出门的时候，大人可以有意识地说："等我把你的水瓶洗干净、装上水，我们就下楼。"要让孩子学会等，必须把抽象的"等"化成具体的事情，并提供恰当的理由，让他看到并理解：实现自己的合理要求需要一点时间。

一位朋友有一个任性的儿子，为此头痛不已，打他、罚他站墙角、赶他早点上床、责骂他、呵斥他，但用尽了各种各样的教育方法，都不起多大作用。

一天晚上，他和妻子在客厅看报纸，因为没有答应儿子的一个要求，小家伙便倒在地上，一边尖叫，一边用头撞地，同时挥手蹬腿。他和妻子一时不知所措，便置之不理，一声不吭地继续看报。

这恰恰是小家伙最不期望的情形。他站了起来，看看父母，又倒下去把拿手好戏上演了第二遍。父母有些惊讶地对视了一眼，再一次对此没有任何反应。

小家伙又倒在地上上演了第三遍。父母继续不理睬他。最后，他也觉得自己趴在地上哭叫实在太傻了，老老实实地自己爬了起来。从此，这位朋友掌握了对付孩子的好办法：以静制动。

除了以静制动之外，通过压力情境来训练孩子，也是提高耐性的办法之一。例如，孩子要买某件价格昂贵的玩具时，可以跟他沟通：可以买一个便宜的类似的小玩具，但妈妈没有更多的钱买那个大玩具。如果你能接受，妈妈会很感谢你。孩子内心发生矛盾，就会尝试调节自己的需求无法满足时的情绪，达到心态平和。

提高孩子在做事时的耐性，可以利用一些小游戏来进行。下面是很好的一个案例——

美美做事情总是三分钟热度，不能坚持，爸爸妈妈为此很烦恼。这天，爸爸给美美带回来一个神秘的礼物——一只小罐子。爸爸告诉美美，小罐子里面有颗神奇的魔豆。如果美美能天天照顾它，给它浇水，等它长出来，就会发现它的秘密。

美美好奇极了，就坚持每天给魔豆浇水，每天都去看它是不是发芽了。终于有一天，小芽破土而出，美美可兴奋了。她仔细看，发现小芽的茎部赫然地印着两个字——"坚持"。美美明白了。

有时，不妨人为地制造一点困难，鼓励他知难而进。比如请孩子做稍稍超出他目前能力的事，比如三岁的宝宝"走迷宫"失败了，父母不妨告诉他：这确实有点难，但只要想办法还是能成功的，爸爸妈妈相信你。然后，告诉他一个窍门儿——反复说：我一定能走出去。借助这一方式，孩子给了自己积极的暗示，就不会轻易放弃。

3

钟摆效应：
经常发脾气不是孩子的"错"

逃避冲突是最简单的方法，但是只有清晰坚定的要求，加上不折不扣的执行，才能制止他的行为。

在很多家庭里，都有一个脾气落差很大的孩子，他们一时是温和可爱的小天使，一时是臭脾气小霸王，甚至在发脾气时打人、大叫、摔东西。

未成年的孩子，对事情反应受到实时感觉的影响，因而既容易高兴得手舞足蹈，又容易变得脾气暴躁。他们的情绪就像一个剧烈摆动的钟摆一样，不时地从一个极端变成另一个极端。在心理学上，有人提出一个"**钟摆效应**"来形容这种现象。

当孩子发脾气时，很多父母习惯于用成人世界的规则来解释孩子的行为：他这么做只是为了引起大人的注意；他只在乎他自己；他在挑战我们的耐性；如果他打心底里想做，他会做得更好，等等。

这样一解释，就给孩子贴上诸如"固执""任性""不肯妥协""不讲理""不听话""想引人注目""没有控制力"和"叛逆"一类的标签。

但是这些解释和标签都误解孩子了，因为它把孩子的暴躁脾气当成是一种有计划、有意的、有目的的手段。如果根据这种看法来决定干预措施，很有可能会忽略了问题的根源：经常发脾气不是孩子的错，只是他成长过程中的一种学习障碍。

这些孩子有好好表现的愿望，但是在灵活思维和承受挫折能力上比别人慢，没有足够控制情绪及行为的能力，他们需要一个更加宽容的环境来发展这些能力。现在，把传统的观念放在一边，来尝试用严格有力的爱来帮助孩子吧。

　　要让孩子学会控制某一极端情绪，父母要首先了解引发他这一情绪的原因，替他说出感觉或动机，让孩子习惯以言语表达需要，才能诱导孩子逐步学习控制情绪及行为。如果遇上他身体不适或疲倦，可主动问孩子："困了吗？"如果他能正面表达出自己的需求，自然就不用发脾气。

　　要关注孩子脾气的特殊"触发点"。孩子行为反常是不是因为饥饿、疲惫或疾病呢？如果这样的话，最好在这类"特殊情况"下避免与孩子起冲突。如果孩子已经很疲惫，就不要要求他多做一件什么事情，那样孩子肯定会发脾气。

　　了解了孩子的动机之后，接下来要说明对他的要求，设定限制。比如："你想出去玩可以，但不可以发脾气，应该说'我想出去玩'。不过，现在要先收拾桌子！"对孩子的要求要清晰并贯彻执行，如孩子发脾气打人，可捉住他的手，简单但坚定地告诉他："不能打人，发脾气也要收拾桌子！"

　　孩子往往不明白"想要"和"需要"的区别，要让他们学会一条经验："你的危机并不是其它人的紧要事件。"如果他们为了想要看电视而发脾气，那就关掉电视，而不是把他们关进房间。前者是让孩子承受发脾气的直接结果，而后者则是任意的处罚，会让孩子混淆因果而起不到应有的作用。

　　让我们来看下面的故事里，一位聪明的父亲是如何帮助孩子的。

　　有一个男孩脾气很坏，他父亲就给了他一袋钉子，并且告诉他，每当发脾气的时候就在后院的围篱上钉一根钉子。

第一天，这个男孩钉下了 37 根钉子。慢慢地，每天钉下钉子的数量减少了。他发现控制自己的脾气，要比钉下那些钉子来得容易些。终于有一天，这个男孩再也不会失去耐性乱发脾气。

父亲告诉他，从现在开始，每当他能控制自己脾气的时候，就拔出一根钉子。一天天地过去了，最后男孩告诉他的父亲，他终于把所有钉子都拔出来了。

父母在严格要求的同时，也要表现关爱之情，解释自己的行为，或者让孩子选择其它方案，指导他们认清自己的作为以及更好的行为选择。若他不听从，继续发脾气打人，就必须承担后果："继续发脾气，就等于花掉那几分钟不能玩耍了，不如你快快收拾，等一下便可以多点时间玩。"

在这个过程中，首先不要担心冲突，更不要回避冲突。如果害怕孩子会因此而认为你过于严厉，那么等他长大面对上级的时候，他可能会不知道如何应对真正的严厉。

对于许多不愿意接受冲突的母亲而言，逃避冲突是最简单的方法。但是只有清晰而坚定的要求，加上不折不扣的执行，才能制止他的行为。其次是要保持平静，来展示你自己的自制力。他们需要知道他们的反应已经过度，但如果你也大喊大叫的话，他们就无法知道这一点。

淬火效应：

"挫折教育" ≠ "挫折体验"

很多人对挫折教育有一个误解，认为挫折教育就是为孩子人为地制作挫折，然后让他习惯挫折。

在很多现代家庭中，对挫折教育都是存在误解的，而且这种误解有可能让父母和孩子都受到困扰。

在生活中，孩子是全家的心头肉，大人们都是围着他转，处处充当"保护伞"，他做了什么事都是"真好啊，太棒了""还是你厉害"。所以，孩子的自信心超级爆棚。可是，这也让他们越来越受不起失败了，越来越像温室里的花朵一样娇生惯养，依赖感会越来越强，在挫折和困难面前就会手足无措。

妈妈给三岁的女儿讲"司马光砸缸"的故事。讲完后，妈妈问女儿："你和小朋友玩， 如果小朋友掉进缸里，你该怎么办？"

女儿想了想，认真地说："去找司马光呀！"

如何面对挫折，是每个人都要面对的人生课题（比如你现在可以说正在经历挫折）。而这，也恰恰是对孩子进行挫折教育的一个原因。

锻造金属工件，加热到一定温度后，工匠会快速将其浸入冷水中，进行冷却处理，这样工件的性能会更好。这个道理运用到生活中，被心理学家称为**"淬火效应"**。

每个人在成长过程中都需要"淬火"，也就是要经历一点挫折，正如英国儿童心理专家卡特邦奇所说："过于幸福的童年，常常会造成不幸的成年。很少遭受挫折打击的孩子，长大后会因为不适应环境和复杂多变的社会，而深感痛苦。"

但是，很多人对挫折教育有一个误解，认为挫折教育就是为孩子人为地制造挫折，然后让他习惯挫折。这种认识也是不对的，如果运用不当，对孩子的伤害可能比娇生惯养更严重。

对孩子进行挫折教育，可以给孩子制造一些困难，让他对挫折有一个形象具体的认识。但是应当考虑孩子的承受能力。由于年龄阶段、性格、环境的不同，每个孩子对挫折的承受能力是各不相同的。对比较敏感的孩子，就不应当一味地为了让他坚强起来，而牺牲了他的快乐与健康。

挫折体验只是挫折教育的一个工具，真正的核心是培养孩子对挫折的认识，让他意识到：这个世界经常不会关注他的感受，在他自我感觉良好之前，世界期待他有所成就。

用心理学的术语来说，所谓挫折，是指人在从事有目的活动时，遇到障碍或干扰，导致无法实现动机和无法满足需要的情绪状态，包括学习挫折、交际挫折和情感挫折等几个方面。

一个人的一生要面临很多困难和挫折，如果没有坚强的性格，就很难有与困难、挫折做斗争的勇气。挫折教育的关键，就是要培养孩子克服困难的意志。

日本"经营之神"松下幸之助，出生在一个农村家庭。他的父母四十得子，对他宠爱有加。

松下七岁那年上了小学，性格有点毛躁。他走路喜欢东张西望，不是弄湿了鞋子，就是弄脏了裤子。一天，父亲松下三郎在儿子上学必经的田埂上挖了几道缺口，然后用木棍搭成一座座小桥。

那天放学，松下背着书包通过小桥时，惊出一身冷汗。他第一次没有哭鼻子。吃饭的时候，他讲了今天走过一座座小桥的经历，脸上满是神气。父亲坐在一旁夸他勇敢。

父亲松下三郎在松下幸之助九岁那年因病去世，去世前他一再叮嘱小松下的母亲："在孩子成长的路上，一定要设置一些他能独自跨越的障碍，如果你一味地给他提供顺境，等长大后，一旦遭遇挫折，必然会经受不住打击，而产生种种令人意想不到的后果。"

但是挫折又是一把双刃剑，一方面可以增强孩子的心灵力量，但另一方面，运用不当也很容易导致孩子产生"习得性无助"，甚至自信心受到伤害，出现"破罐子破摔"的心理。家长特别需要掌握这点，千万别出现矫枉过正的现象。

1975年，美国心理学家塞里格曼进行了一次实验。他把一群学生分成三组：让第一组学生听一种噪音，这组学生无论如何也不能使噪音停止。第二组学生也听这种噪音，不过他们通过努力可以使噪音停止。第三组是对照组，没有任何噪音。

噪音折磨进行一段时间之后，开始实验的下一个阶段：实验装置是一种叫"手指穿梭箱"的装置，当把手指放在穿梭箱的一侧时，就会听到强烈的噪音，而放在另一侧时就听不到噪音。

心理学家发现，在原来的实验中通过努力能够使噪音停止的第二组，以及未听噪音的对照组，在第二阶段实验中，都很快把手指移到箱子的另一边，从而使噪音停止。

而第一组，也就是说在第一阶段无论怎样努力都无法使噪音停止的学生，手指却仍然停留在原处，听任刺耳的噪音响下去，却想不到尝试把手指移到箱子另一边。

塞里格曼接着进行了实验的第三阶段：要求所有学生把一堆无序的字母排列成字，比如 ISOEN，DERRO，可以排成 NOISE 和 ORDER。实验结果表明，在前面的实验中产生了无助感的第一组学生很难完成任务。

这个实验有力地证明了"习得性无助"在人身上的存在，以及它对学习的影响：在经历了某种证明自己无能的学习后，人在情感、认知和行为上都会表现消极。

在生活中，有许多孩子经历了挫折或几次失败以后，他们就开始寻找理由为自己解脱："生意太难做"或"我太年轻了"，或"我书读得太多"或"我书读得太少"，或"我的经验不足"或"我的缺点太多了"等。

这说明，外在的挫折，变成了他们内在的"习得性无助"。他们的沮丧和焦虑，往往以愤怒抗拒的形式表现出来。这种变化造成的伤害，比挫折本身要大得多。要让孩子成功，除了适度地从磨难中体验挫折和学到技能外，还必须让他有更多成功的体验，以及忘记过去的挫折。

网球名将李娜在夺得法网冠军的采访中说，青少年时期，她的教练经常呵斥她这里做得不够好，那里做得不够出色，这让她一直有一种怀疑自己实力的困扰。

在法网赛前，她更换了教练，新教练在技术上并没有带给她太多内容，但却带给她最重要的讯息——就是他一次一次地告诉她，她能够做得更好，她可以做得更好。李娜说，教练的鼓舞是帮助她夺得法网冠军的重要因素。

我们常常用"好了伤疤忘了疼"来批评一个人不知道吸取教训。但是实际上，对于那些曾经遭遇打击和挫折的人来说，忘记过去的伤痛，避免习得性无助的影响，比时时抚摸着伤疤全身心垂泪更容易复原，也更容易获得新的成功。

心理学家托尔曼说："当我们的孩子或我们自己，面对人类世界这一上帝恩赐的'大迷宫'的时候，我们必须使自己和孩子处于能激发适度动机，而没有多余挫败感的最理想状态中。"

5

德韦克实验：
不要夸孩子聪明，夸孩子能干

被赞赏聪明的孩子以成绩为目标，而被赞赏努力的孩子则以学习为目标。

　　生活中，很多父母都懂得对孩子多夸奖而少指责，每当孩子完成了一项任务或者是取得好成绩之后，父母会实时地夸奖他聪明。而孩子听了大人的赞扬，也确实表现得非常高兴。

　　应该说，相对于不断批评孩子，表扬是一种聪明的做法。不过这还不够，要让夸奖产生好的效果，我们还需要努力变得更聪明一点。让我们先来看下这个小故事。

　　一位中国老师到美国访问，住进了一位美国朋友的家里。那一家有两个孩子，分别是9岁和5岁。大人坐在客厅聊天，两个孩子则在地上摆弄玩具，不一会儿就建起了一座"兵工厂"。中国老师对美国朋友说："您这两个孩子真聪明！"

　　但是对方一听，却马上把食指竖在嘴巴中间，提醒中国老师：千万不要让他们听见。他拉着中国老师离开客厅，这才说：相对于夸他的孩子聪明，他更喜欢别人夸他们能干。

　　面对中国老师的不解，他解释说："长期表扬孩子聪明，会使他们觉得事情很容易做，碰上困难问题会想到躲避。比如，考试时遇到自己不会做的试题，往往会想，连我这么聪明的人都做不出来，那一定是老师弄错了。"

　　这种观念，相信很多中国人是不大赞同的。因为每个人都希望自己的孩子聪明，并且认为这种聪明是天生的。古代有一句话叫"书到今生读已迟"，意思就是说无论怎么努力，也不如天生的聪明。

正是因为这么想，在生活中，很多大人把"你真聪明"作为表扬的口头语，而且还会用赞赏的语气。但是这种表扬，确实如上面故事中所说，会带给孩子不良的影响。最明显的，就是可能使孩子变得很在意别人的评价，只要表现稍不如意，可能就会问："爸爸，我是不是很笨？"

20 世纪 90 年代，还在哥伦比亚大学执教的心理学家卡罗尔·德韦克（Carol Dweck），曾经做了一系列的实验研究这个问题。她在一所小学五年级的孩子中，抽样一百多个十岁左右的孩子，然后把他们随机分成两组。所有的孩子被要求做三套题。无论做的结果好坏，一律给予正面的肯定。

第一套题对孩子来说都是很容易的。第一组孩子做完了题后，实验者给出的反馈是，"你真聪明！"当然所有的孩子都感觉不错。在第二组的孩子完成了题目后，给出的反馈有所不同，其赞赏是，"哇，你真努力，做题非常认真！"

然后，对这些孩子做了第二部分实验。给两组孩子同样的两道题，其中一道相对简单，很容易做出答案；另一道则非常困难，但能从解题中学到很多东西。两组孩子可以随意选择其中一道做。

结果，被赞美"聪明"的小组里，50% 的孩子选择了简单的题目，另外 50% 选了难的题目。被赞美"努力认真"的小组，90% 的孩子选择了困难的题目。

第三部分实验是，让同一群孩子做一道非常难的题目，这道题基本上无解。这组实验是想测试两组孩子面对困难和挫折时所作出的反应。

实验的结果是，被赞赏"聪明"组的孩子，没有坚持多久，很快就放弃了努力，而且因为解不出题来表现得很沮丧。相反，被赞赏"努力"组的孩子则能坚持很长的时间。即使最后他们也没有解开这道题，但在整个解题的过程中表现得兴致盎然。

德韦克和助手们还对纽约市 12 所学校的 100 名五年级的学生进行了另一次研究。这些孩子同样被随机分为两组来做适龄的智商测试。测试完之后，第一组得到的赞誉是"你真聪明"，第二组得到的是"你真努力"。

接下来，这两组学生要对付难得多的智商测试，即八年级程度的测试题。结果发现，第一组孩子意志消沉，第二组孩子则竭尽全力。

最后一轮测试，难度回到第一次测试的水平。第一组被夸奖"聪明"的孩子，平均成绩居然下降了将近 20%；第二组被夸奖"努力"的孩子，成绩则提高了 30%。**德韦克的研究结论是，赞赏聪明比赞赏努力对学生的学习动机有更多的负面效果。**

被赞赏聪明的孩子以成绩为目标，而被赞赏努力的孩子则以学习为目标（相信您对这句话有切身体会）。当他们都遇到挫败时，被赞赏聪明的孩子比后者表现的耐性和持久力更差，更少享受做事的过程，他们本能的反应就是"天呀，我不行"！这最终导致成绩更糟。而第二组学生遇到失败，则采取了面对现实的态度："我这套做法看来不行，要换个方法试试。"

此外，德韦克利用哥伦比亚大学的脑电图室，让具有这两种精神气质的人回答各种问题，然后给他们回馈，同时检测他们的脑电波活动情况。结果显示：被夸奖聪明的孩子在思维模式上表现为封闭保守，而被夸奖努力的孩子则倾向于拓展和发展。

前者特别关心自己所显示出来的能力是什么，特别注意自己的答案是否正确。当提供一些能帮助他们学习的信息时，他们的脑电波中没有信号显示出任何兴趣。甚至当他们答错了问题时，他们也没有兴趣追究什么是正确答案。与此相反，后者则对各种问题中所包含的能够增长他们知识的信息感兴趣，似乎并不在乎会把自己排到什么智力水平上。

原因很简单：被夸奖"聪明"的孩子，心思全花在琢磨"自己是老几"的问题上，既然他们相信人的聪明是天生的，他们要做的就是"显示"自己的聪明，自己究竟是老大还是老二、老三就变得至关重要。所以他们所做的一切就是证明自己，生怕自己不聪明，乃至于通过躲避挑战来躲避失败。

而被夸奖"努力"的孩子则是学习者，更希望"发展"自己的才能。对他们来说，才能是一个过程，是在不停地发展之中，发展的引擎是自己的努力。为了发现自己的问题，他们宁愿去尝试失败，因而总愿意迎接新的挑战。

为了让孩子更好地成长，父母应多表扬他的"努力""能干"，别再夸奖他有多"聪明"了。

情绪记忆：
要不要鼓励孩子写日记？

把日记当成情绪载体的时候，注意不要沉溺其中。

2030 年的一个周末，你突然发现你的孩子坐在书桌前出神，面前摊着一个陈旧的笔记本。他已经是一个 20 多岁的毛头小伙子了，是什么事情让他如此安静呢？

他可能是在看自己小时候的日记。

与喜欢照相一样，很多孩子也喜欢记日记，把自己喜怒哀乐都付诸笔端记下来。这样做，一方面可以纾缓自己的情绪，另一方面也锻炼文笔和思维。即使是把经历过的挫折写下来，也有助于宣泄不良情绪以及抚平创伤。

加州斯坦福大学的教育和心理学教授杰夫·科恩（Geoff Cohen）表示，书写情绪的确具有疏导作用："将思维和感受抒发出来，不但能够使情绪舒畅，对身体也不无裨益。"

但是，任何事情都不是绝对的。有统计显示，曾经记录过创伤经历的写日记的人，对头痛或者其它类似症状确实更为敏感。

英国格拉斯哥喀里多尼安大学的伊莱恩·邓肯（Elaine Duncan）和斯塔福德郡大学的戴维·谢菲尔德（David Sheffield）主持的一项调查表明：经常写日记的人的心理，不如不写日记的人健康。邓肯认为，这是由于挫折的记录，让人经常咀嚼他们的不幸和挫折，无法将情绪一次性地宣泄出来，因此形成了更深的挫折感。

有一个孩子大学毕业后，让父母看她小学时的日记，上面写："……考试没考好，爸爸对我说：孩子，成绩不重要，你才重要,考多少都没关系,重要的是你要开心,要快乐……"

看到这儿,父母都被自己感动了,再翻一页:"……然后我妈妈回来了,俩人合伙把我揍了一顿……"

在这一页的最后,是触目惊心的四个大字:这俩骗子!

小学时的这两页日记,一定给孩子留下了深刻而惨痛的回忆。否则的话,她也不会在十几年后拿给父母看。

不过,上面的结论似乎只注意到了一个方面。美国德克萨斯州达拉斯市南卫理公会大学的米歇尔·麦科洛(Michael McCollough)和戴维斯市加利福尼亚大学的罗伯特·埃蒙斯(Robert Emmons)两位心理学家,共同进行过一个实验,指出了问题的另一个方面。

在实验中,他们把数百人分成三个不同的组,并要求所有参加实验的人每天写日记。第一组人的日记,记录的是每天发生的事情,并没有特别要求要写好事或者坏事;第二组人被要求记录下不愉快的经历;第三组被要求在日记中列出所有他们觉得值得感恩的事情。

研究的结果表明,第三组的人变得更加警觉,更加热情,更加果断,更加乐观和更加精力充沛,更少感到沮丧和压力,他们更愿意帮助他人,锻炼更加地有规律,并且在生活中取得了更大的进步。

美国肯塔基州列克星敦的 2001 大学的学者也注意到了这种区别,他们研究了 180 位修女的自传手稿,结果发现,用更多积极乐观的词描绘人生的修女，比那些用消极悲观的词描绘人生的，寿命多了大概 10 年。

很显然，日记所起的作用和其它东西一样，只是我们情绪的载体和反射。让日记担负起记录情绪载体的时候，注意不要沉溺于其中。

2008 年 9 月，《实验社会心理学杂志》（*Journal of Experimental Social Psychology*）发表一项最新研究。

领导该项研究的是美国北卡罗莱纳大学的心理学家凯思·佩恩（Keith Payne）。他和同事发现，情绪记忆是最难刻意忘掉的，尤其当这种记忆源于视觉线索。

佩恩表示，主动忘却是一种适应性表现，比如，人们常常要忘掉错误的认识、朋友的旧电话号码或者更改前的会议时间。主动忘却有助于大脑的记忆存储系统更新新的信息。不过，佩恩和同事在实验中发现，即使是轻微而温和的情感记忆事件，比如在考试分数不理想或者在工作中受到批评，都是很难被忘记的。

佩恩认为，人们要刻意忘却一件事情的前提条件就是要从精神上和与事件相关的信息完全隔离开来。只要遗忘的动机足够强烈，人们完全可以超越情感因素的影响。

不过，网络时代的到来，给我们提供了另外一种选择。根据台湾研究人员的研究，写网络日志或博客，不仅可以获得与写日记一样的好处。而且能够获得更多的社会支持，并能改善社会关系和自身的归属感。

　　研究者利用一个由 43 项自述组成的调查，对 596 名在校大学生进行了一次调查。这些大学生年龄在 16 到 22 岁之间，女生占 71%，他们都是有博客经验的年轻人，相当一部分抱着记私人日记的目的写博客。

　　研究人员发现，写博客不但不会减少或妨碍已经存在的社会关系，反而能加强人与人之间的联系，实实在在地改善他们的关系。写博客会培养更好的社会关系，包括更好的融入社会的感觉，即感觉到与社会、朋友圈子以及其它人之间存在联系。同时，它还可以加强博主与生活中亲密或重要者的社会内部联系，以及与日常社交网络以外的人的社会外部联系。

　　其中的一个原因，也许是大多数读博客的人，都喜欢读朋友和家人的博客，而他们用博客所分享的感觉和思想，都是别人平时很难知道的。尤其是，在情绪化时或出现困难时，用博客记录下来，比拿起电话向一个个亲密的人诉说更容易。一个个诉说，总会导致情绪耗竭。

　　研究人员从数据中还发现，当这些社会关系因为写博客而发展时，博主本人会觉得与别人有更多的联系，从而感到更快乐。

　　很显然，公开的网络日志或博客，在改善社会关系方面，是私人日记所无法比拟的。

7

跨栏定律:
"土肥圆"也有春天

每个人都有某方面弱点，都有个人的自卑感，这并不见得不好。

前不久，听一个朋友诉苦说，他的儿子正上高一，身高只有一米六五，而同桌则长到了一米七五。每天吃饭聊天的话题几乎都涉及了身高的问题，他儿子对自己身高的关注已经变成了抱怨和焦虑，晚上洗澡后穿着短裤照镜子，一照就半小时，边照边抱怨自己的腿没有长直，为什么他的基因不优秀……

确实，在一个以"高富帅"为追求的社会氛围中，身高自然成为很多较矮的孩子的一个心病，使很多孩子（甚至包括他们的父母）自卑。有人甚至把身高一米七以下的男孩子称为三等残疾，更是给这些家庭增加了不必要的压力。

那么，高矮会不会影响孩子未来的成功呢？事实并不是像人们想得那么糟糕。

有一位叫阿尔弗雷德的外科医生，在多年临床实践中发现了一连串奇怪的现象：患心瓣堵塞症的患者，心脏奇迹般地增大，好像是在努力应付心脏所带来的缺陷；肾病患者若摘去了左肾，那么他的右肾的生命力往往十分强盛。另外，在眼睛、肺等手术中，都是如此。

在为美术学院工作时，他又发现了一个奇怪现象，这些搞艺术的学生的视力低于平均水平，有的甚至还是色盲。而一些颇有成就的教授之所以能走上艺术道路，也曾经受了某种生理缺陷的影响。

研究还发现，人脑有更强的适应能力，如果一侧脑在幼年时期受到损伤甚至被切除，那么对侧脑就能接管它的功能，对其进行很好的补偿，当孩子长大后一般不会有明显的脑功能受损现象，并且仅存的半球能够承担所有功能。

后来，这种发现引起了心理学上的分析学派的注意。这一学派的代表人物除了大家耳熟能详的弗洛伊德之外，还有19世纪末的奥地利著名心理学家阿德勒。他根据自己的实验研究提出了一个重要的结论：当个人发现某方面不如别人后，为了恢复内心平衡，会设法弥补自己的弱点。

阿德勒认为，身材矮小的人由于自卑感作祟，总是喜欢在其它方面表现得强于他人，以此来补偿这种心理缺憾。从行为上看就是所谓的喜欢争强好胜。

按照阿德勒的说法，除法国的拿破仑外，苏联的斯大林、西班牙独裁者佛朗哥、意大利的墨索里尼都是典型的矮子。事实上，阿德勒自己就是一个身材矮小、严重驼背的人，他一生都在不断地超越自卑，并把自卑与补偿看作是追求优越的动力根源。

每个人都有某方面的弱点，都有个人的自卑感。这并不见得不好，因为人一旦发现自己的弱点，必然会产生一种弥补的机能与心理，反而成为个人发挥潜能、超越他人的一股力量。他把这种现象称为"**跨栏定律**"：栏杆越高，人跳得也越高。

美国大发明家爱迪生发明留声机后不久，一位记者前来访问他："爱迪生先生，你从小就有耳疾，这是否算是你一生中最大的遗憾？"

爱迪生点头回答说："以前的我，曾有这种感觉，但后来再想想，却觉得这样反而对我更好。因为我小时候表现非常差，幸好我的耳朵不好，听不到别人的嘲讽，我可以更加专心地努力做事。"

我们大可不必因为弱点而产生自卑，不敢面对现实或怨天尤人，自惭形秽，甚至因此而失望退缩，这样不仅无法取得进步，而且会极大地伤害身心健康。

美国布兰蒂斯大学的莱斯利·泽伯维茨（Leslie Zebrowitz）在研究中也发现，长着娃娃脸的男人会使人认为他们天真无邪，并会给人留下能力不足的感觉。然而事实上，很多长着娃娃脸的男孩，更有可能成为抱负极高、有野心的人。

她把这种现象称为**"自败预言效应"**，即一个长着娃娃脸的男人厌倦了别人对他的态度，于是拼命想冲破人们对他的预设期望，反而矫枉过正，走向了另一个极端。

有一个女孩在一次考试中有几门发挥得不好，很伤心地回到了家。在父母的劝解下，她仍然无法释怀，觉得自己一无是处。这时父亲拿出一张白纸和一支笔，交给女儿，让她每想到自己一个缺点和不足，就在白纸上画一个黑点。

女儿拿过笔，不停地在白纸上画黑点，在她画完以后，父亲拿起白纸，问她看到了什么，女儿回答："缺点啊，全都是该死的缺点。"

父亲笑着问她还看到什么，她回答说："除了黑点，什么都没有看到。"

在父亲一再追问下，女儿终于回答说："除了黑点外，还看到白纸。"

于是，这位父亲问女儿："你在这张纸上写字的时候，是在空白的地方写呢，还是向黑点上写？"

女儿想了想，若有所悟地点了点头。父亲语气缓和地说："当你把这张纸上写上字以后，也许字就会恰巧把黑点盖住，即使没有盖住，人们也很少会去注意它的。"

那么，我们具体怎样实现补偿作用，使弱点或缺陷有益于我们的人生呢？回答是通过扬长避短，避开弱点的影响范围。

绝大多数人看到的，都是白纸上的黑点，而忽略了黑点旁边更大的白纸空间。由于只看到自己的缺点，使得自己生活不如意。若能不执着于黑点，多利用黑点以外的白纸，岂不是柳暗花明，豁然开朗吗？

因此，如果通过策略性的选择和安排，使弱点不至于成为成长的阻碍，并进一步帮助自己利用别人所不具备的优势，弱点完全能够成为无伤大雅的因素。

家长与其抱怨，还不如想办法让孩子增长学识才干，当他拥有较多见识、较宽阔视野的时候，即使弱点再想干扰他的前进，也很困难了。

蛋壳效应：

孩子的敏感是因为自尊心太强吗？

有不少父母容易把心理健康和思想问题混淆，把孩子的脆弱和保守认为是不勇敢、逃避。

高度防御的孩子，往往过于注重别人评价。

有的孩子跟别人下棋，输了以后就再也不下棋了；有的孩子在学校受到一点批评，第二天就不想再去上学了……这些孩子不知道如何面对挫折和失败时，就会把自己的心封闭起来，像裹上一层"蛋壳"：它非常严密，足以将所有人挡在壳外；它又非常脆弱，一点儿敲打，就可能被击碎，激发出强烈的报复。

1965 年，英国儿童心理学家西蒙·安妮（Simon Anne）把这种脆弱和保守的心理现象，命名为"蛋壳效应"。

有不少父母容易把心理健康和思想问题混淆，把孩子的脆弱和保守以为是不勇敢、逃避。但实际上，"保守"和"脆弱"，并不意味"懦弱"或"不勇敢"，只是心理发育中的问题，而不是思想问题。就像学会走路要摔很多跤一样，孩子的心理成长需要克服很多困难。

要帮助孩子，我们不能从人品、从思想去看孩子的心理脆弱问题，首先必须要从心理发展的角度，先去理解孩子问题背后的动机，帮助孩子渡过成长中的这个难关。

在孩子保守和脆弱的蛋壳后面，是一颗极度缺乏自尊的心灵。

有人或许说，保守和敏感的孩子表现得"自尊心"很强啊，甚至比普通的孩子更强啊，他们应该是"自尊心"太强而不是缺乏吧？

这种说法，其实是错误地理解了什么是自尊。**他们所说**

的"自尊"实际上叫作"**依赖性的自尊**"，也就是通过别人获得的"**自尊**"。这种"自尊"程度会随别人的表扬或批评而改变，也取决于在与别人比较时获得的是优越感还是自卑感。

严格来说，它并不是真正的自尊。真正的自尊，是通过自己获得的自我评估和感觉，是自信和自我尊重的综合。

	与他人比较 获得的自信	与自身比较 获得的自信
取决于他人 的自我尊重	依赖性自尊心	
取决于自己 的自我尊重		独立自尊心

每个孩子都有两种类型的自尊心，独立的和依赖的。而他的心灵是否保守与脆弱，则取决于哪一种自尊心主宰了他的感觉和行为：他是否主要为别人的想法和行为所左右，抑或是受控于他对自身的评价？他是否总在乎自己比别人优秀，抑或是自己在努力追求卓越，"任其风吹雨打，我自岿然不动"呢？

高度防御的孩子，往往也是过于注重别人评价者。只有独立的自尊心，才能让孩子摆脱蛋壳效应。不仅如此，它还能让孩子成为一个幸福和有创造力的人：能坦诚地对待自己和自己的内心世界，倾向于独立做事，求异思维能力强，想象力丰富，不在乎群体的压力，能够站出来为自己辩护。

　　无论是父母还是学校，都过于强调外在的奖励和竞争，结果导致孩子自尊心的依赖性压倒了独立性，使孩子越来越依靠自我保护或者自我增强来维持自我。2003 年，澳大利亚学者斯蒂芬·凯米斯（Stephen Kemmis）提出"脆弱高自尊"的概念，来形容这种情况。

　　很多教育书籍告诉家长，孩子像一朵小花一样脆弱，需要家长无微不至地关心，即使是铅笔尖断了这样的小事，也要注意不要让孩子受到打击。在这种观念下，不仅孩子，连父母和老师也变得越来越保守和脆弱。

　　绝大多数父母的做法，也是习惯于让孩子增强依赖性自尊心——获得外在的肯定和比别人优越。他们觉得表扬是培养孩子自信自尊最好的甚至是仅有的方法，通过赞扬孩子做的每件事，就能够在孩子的心中创造积极的自尊。但问题是，他们对所有的事情都大加赞扬，弄得孩子根本不知道是他真的做得很好，还是无论他做什么，爸爸妈妈都会说："哦，你真是太棒了……"

　　这种不假思索的赞扬，让孩子很不自信，于是就更喜欢向周围的人来寻求认同。比如，他会把作业或者画的东西给朋友们看，还会焦急地询问说："还行吗？我做得对吗？"在学校里，他也总会问老师："这次我做得对吗？"很显然，孩子的独立自尊已经受到了伤害。

　　要想让孩子摆脱蛋壳效应，最好的办法就是让孩子在生活中建立独立性的自尊，变得自信和悦纳自我。

独立性的自尊，不是以毫无原则的表扬为基础的，而是来源于孩子在克服困难之时所体会到的那种快感——这种感觉可能来自孩子学会了弹一支曲子，也可能来自孩子成功地解答出一道题。他遇到和克服的挑战越多，有越多人能够看到他的成功，他的独立性自尊就越强。

要培养孩子的独立性自尊，父母首先要记住的是不要把他和别的孩子作比较。

每个孩子都是与众不同、独一无二的，都应获得重视和赏识。比较不仅是愚蠢，而且也是不负责任的，它只会打击孩子。曾经有一个孩子在网上向我留言抱怨说——

从小他就有一个宿敌，叫"别人家孩子"，这个"别人家孩子"从来不玩游戏，从来不聊QQ，天天就知道学习，长得好看，又听话，成绩年级第一，会做饭，会家务，会三门外语，我恨这个"别人家孩子"！！但是这个"别人家孩子"就像鬼魂一样，家长们都在谈论他，但从来没有人亲眼见过……

另外要引导孩子去尝试新事物，允许孩子独立做事。孩子最初的自尊，就是以要求自主的形式积极进行各种活动。自主性是自尊心形成的基石。孩子在二、三岁时便有了自主性的要求，喜欢独立做事。父母要抓住这个大好时机培养他的独立性，要给他们独立解决问题的机会。要避免按大人的意愿来设计孩子的生活，要让他自己想办法来获得自己的成功，并且懂得把精力集中在对自己重要的事情上。当孩子需要帮助时，成人应帮助他们想办法，寻求解决问题的最佳方式，而不是取而代之。

萨盖定律：

"一个唱红脸，一个唱白脸" 真的有效吗？

家里所有大人对孩子的要求一致，并注意减少矛盾，给孩子一个统一的价值观，这对孩子的成长是十分重要的。

在中国传统教育中，有"严父慈母"的说法，就是指父母"一个唱红脸，一个唱白脸"，父母互相配合，互相补充，相得益彰。事实上，这种认识是不对的。

试想，如果夫妻协作分工，父亲扮"红脸"，母亲扮"白脸"，"红脸"过于严厉苛刻，而"白脸"过于温和宽容，一味迁就、姑息、放纵。不难想象，就会出现以下的情形：孩子当着"红脸"家长的面，就像老鼠见了猫一样战战兢兢，唯唯诺诺，有事不敢放手去做，有话不敢去说，有理不敢申辩；而当着"白脸"家长的面，则像换了一个人似的，行为放肆，对所说的话置若罔闻，当成耳旁风。

从情感上来说，被一些人认为效果不错的"红黑"配合，也不是那么和谐。父亲和母亲的立场不一致，会让孩子以为妈妈更爱自己一些，爸爸是一个冷酷的人。

由此可见，这种搭配不仅不利于孩子树立正确的人生观和价值观，还会导致孩子性格的缺陷。因为一个孩子无法接受父母双方不一致的教育，否则，他将无所适从。这就是家庭教育中的"**萨盖定律**（Segal's law）"。

萨盖定律又称为两只手表定律、矛盾选择定律，它的内容是：只有一块手表，可以知道时间；拥有两块或者两块以上的手表并不能告诉一个人更准确的时间，反而会制造混乱，会让看表的人失去对准确时间的信心。它的深层含义在于：每个人都不能同时挑选两种不同的行为准则或者价值观念，否则他必将陷入混乱。

从这个定律我们可以知道，对孩子的教育，不能同时采用两种不同的方法，设置两个不同的目标，提出两个不同的要求，因为这会使孩子无所适从，甚至行为陷于混乱。

战国时思想家韩非子说过："一家二贵，事乃无功；夫妻持政，子无适从。"就是说，一个家庭里如果大人各有所见，互不相让，家里就什么事也做不成；对孩子进行教育，各持各的观点，孩子就不知听从谁的。像上面故事里所讲，家庭里因为对孩子的教育方式分歧而产生的冲突，在"隔代抚养"的情况下尤其突出。

家长要想避免"萨盖定律"，首先要有相对统一的教育观念，家里所有大人对孩子的要求要一致，并注意减少矛盾，给孩子一个统一的价值观。这对孩子的成长是十分重要的。

如果做不到这一点，比如爸爸教育孩子的时候，妈妈总是诋毁爸爸的方法不对，并对孩子说"别听你爸爸的，他不懂"，孩子就会左右为难，心中充满了矛盾，不知道自己到底怎样做才对。更进一步，孩子会对爸爸的教导不以为然，导致家庭矛盾加剧。

家长一定要树立合作教育意识，可以开个统一家庭教育方法的家庭会议，坦诚地交流想法，求同存异。在教育孩子时，按照已经统一的方法、认识去做，看看效果如何。这样的家庭会议要定期召开。

在这个过程中，可以征求孩子的意见。孩子是受教育的对象，对大人的教育行为有最直接的感受。孩子往往能很客观地评价爸爸、妈妈教育行为的优点与不足。多征求孩子的意见，对改进家庭教育观念和方式是很有帮助的。

由于当代生活节奏加快，年轻的父母经常没时间抚养孩子，一些爷爷奶奶或姥姥姥爷便奋然挑起了照料孙子、孙女的重担，人们习惯把这种方式称为"隔代抚养"。

如果父母的要求和爷爷奶奶的要求不一致，也同样会产生不理想的教育效果，甚至因此产生一些家庭矛盾。因此，孩子父母应该在尊重理解祖辈的前提下，进行分析，提供一些书报、录音、录像等，给祖辈灌输一些现代家庭教育理念。

最后一点，也是最起码的，就是不要当着孩子的面吵架。一旦家长在子女面前呈现出了差异和矛盾，最好有一方先让步，事后再和另一方交流，千万不能在孩子面前争吵起来，因为这样会使夫妻双方在孩子心目中的威信都降低。如果有一方的观点偏向于孩子，正合孩子心意，孩子就会觉得自己有了依靠，有了与另一方对抗的底气，还会加重两代间的矛盾。

10

示弱效应：
孩子依赖性太强怎么办？

在生活中，如果看到父母向孩子"示弱"，对他们的心
理冲击力比"示威"还要大。

一朋友带小孩来家玩，趁孩子到楼下玩的时间，朋友就向我诉苦，说他的孩子胆小、懒惰、依赖性强。他边说边摇头叹气，不知该如何是好？

我问他："你经常帮孩子的忙吗？"

他点点头说："是的！不管大小事情，我都帮。"

我又问朋友："孩子主动帮过你的忙吗？"

朋友说："偶尔有的，但我担心他做不好，所以没让他帮。"

我直接给他开出了药方："那从今以后你就和孩子交换一个位置吧。让孩子多帮你的忙，你尽量少帮孩子的忙。你太能干，孩子就不能干，你要在孩子的面前尽量多表现得'无能'些，让孩子在你的面前表现得能干些。"

向孩子示威几乎每个家长都会，但是会向孩子示弱的却寥寥无几，因为示弱比示威需要的智慧和勇气要多得多。

在生活中，大多数家长都会以一副高高在上的成人心态教育孩子。然而，很少有家长知道，适当地向孩子"示弱"，更能拉近你与孩子的心理距离，并使孩子在各方面能干起来。

"示弱效应"本是人际交往中的一种心理效应，多应用在各类组织中的领导与下属之间。

美国心理学家发现，10个月大的小孩已经把身高和力量强弱等同而视。当一个动作片里两个不同身高的形象发生矛盾的时候，孩子会预计矮小的将对高大的做出妥协。如果情况相反，高大的让位于矮小的，孩子会表现出惊讶，然后盯着这个意料之外的画面看很久。

罗特·托马森（Lotte Thomsen）和她的同事在著名的哈佛大学进行研究后发布此报道。他们的研究结果说明，婴儿已经懂得什么是社会支配地位，并且会根据身高判断矛盾中的胜者。研究人员说明，孩子在 8 个月至 10 个月大之间培养出这个意识。

科学家由此推断，高大者屈服的情况让孩子惊讶。而相应地，在生活中，如果看到父母向他们"示弱"，对他们的心理冲击力比"示威"还要大。

说我们家长有意识地"示弱"，并不是说随便依从孩子的要求，而是指放下"架子"向孩子请教，那就相当于掌握了家庭教育的一把利器。也许有的家长觉得不可取，认为家长怎么能向孩子示弱，那孩子还不上天了。其实，向孩子示弱，好处多多。

一是能增强孩子的自信心。

在孩子的成长过程中，父母始终处于引导地位，在孩子心目中，父母是万能的，似乎没有什么能难倒父母。如果在必要的时候，父母恰当地向孩子示弱，会起到意想不到的效果。

一位妈妈带儿子爬山的时候，碰到一个很陡的坡，儿子站在前面犹豫不前，妈妈看了就会试探着说："儿子，妈妈有点不敢过去，你敢吗？"

于是，儿子回过头看看妈妈，然后小心翼翼地走过去，妈妈会在后面让他牵着自己的手。实际上，她根本没什么危险，但是这种换位的感觉绝对不一样。

终于走过去了，妈妈长叹一口气说："儿子，今天要不是你，我真的不敢过呢。"

儿子马上得意地说："没有我在你就不敢吧。"

二是能增强孩子的成就感。

当孩子解答了你提出的问题后，他就会产生成就感。在成就感的影响下，孩子的自信心也会产生，处理问题的方法自然也就有了，这对孩子的一生都有很大的影响。

乐乐问爸爸这样一个问题："在我们家谁是老大？"爸爸开始不知道怎么回答，后来告诉他："在家里谁的答案正确谁是老大。比如问一道题 3 加 3 等于几，妈妈的答案是 8，爸爸的答案是 9，乐乐的答案是 6，那么乐乐就是老大。"

三是能增强孩子的成人感。

在孩子心目中，大人几乎是无所不能的，如果他连大人提出的问题都解答了，他自然会有成人感。于是，孩子会一点点成熟起来，再不是父母眼中的小不点儿了，什么事情他都会愿意与家长分享和分担。

一位作家问一位农民父亲："您把两个孩子都送进了重

点大学，请问有没有什么绝招啊？"

农民父亲的回答出人意料："其实也没啥绝招……我只不过是让孩子教我罢了！"

原来，这位父亲小时候家穷没念过书，但他又不能由着孩子瞎混，于是每天等孩子放学回家，就让孩子把学校老师讲的内容跟自己讲一遍；然后孩子做作业，他自己也跟着在旁边做作业，弄不懂的地方就问孩子，如果孩子也弄不懂，就让孩子第二天去问老师。

这样一来，孩子既当学生又当"老师"，学习的主动性就甭提多大了……

确切来讲，当家长向孩子"求教"时，孩子心里一定会想：这些问题连爸爸妈妈都不会，我一定要好好表现，帮爸爸妈妈解决这些问题。这样，孩子就会得到一股无形的鼓励，从而会表现得更加出色。苏联教育家克鲁普斯卡亚说："对于父母来说，家庭教育首先是自我教育。"上面的这位父亲，可以算是这句话的成功实践者了。

第二部分

不做"填鸭式"家长，
也能让孩子赢在起跑线上

11

7±2 效应：
孩子上课不爱做笔记怎么办？

只有听懂了课，记下来的笔记才会有意义。

在生活中，经常有人说"好记性不如烂笔头"这句话，认为勤动笔才能记得牢。

但是很多孩子上课却不喜欢记笔记。他们的理由也很充分：老师每节课都写好几黑板，如果忙着抄黑板，就没时间看书和做练习了。

所以，很多父母和孩子都觉得困惑：上课和读书到底要不要记笔记呢？

在回答这个问题之前，先请您读一遍下面的一行随机数字：

7 1 8 6 3 9 4 5 2 8 4

然后合上书，按照原来的顺序，尽可能多地默写出来。

现在再读一遍下面的随机字母：

H J M R O S F L B T W

然后用上述相同的方法，来测试自己的记忆。

假如你的短时记忆像一般人那样，你应该至少能回忆出5个，最多回忆出9个，即7±2个。

这个有趣的现象，就是 **7±2效应**。这个规律最早是在19世纪中叶，由爱尔兰哲学家威廉·汉米尔顿观察到的。他发现，如果将一把子弹撒在地板上，人们很难一下子观察到超过7颗子弹。

到了1887年，雅各布布斯通过实验发现，对于无序的数字，被试能够回忆出的最大数量约为7个。发现遗忘曲线的爱宾浩斯也发现，人在阅读一次后，可记住约7个单词。

1956 年，美国心理学家米勒（George A. Miller）教授发表了一篇重要的论文《神奇的数字 7 加减 2：我们加工信息能力的某些限制》，明确提出短时记忆的容量为 7±2，即一般为 7 并在 5~9 之间波动。这就是神奇的"7±2 效应"。

由此可见，人脑的短时记忆容量是极其有限的，需要有辅助的手段来帮助，才能记住更多的东西。从学习心理学的角度来说，做笔记确实有益于记忆。下面，我们来看一个实验的科学研究。

美国心理学家巴纳特以大学生为被试做了一个实验，研究了做笔记与不做笔记对听课学习的影响。大学生们学习的材料，是一篇 1800 个词的介绍美国公路发展史的文章，以每分钟 120 个词的中等速度读给他们听。

他把大学生分成三组，每组以不同的方式进行学习。甲组为做摘要组，要求他们一边听课，一边摘出要点；乙组为看摘要组，他们在听课的同时，能看到已列好的要点，但自己不动手写；丙组为无摘要组，他们只是单纯听讲，既不动手写，也看不到有关的要点。

学习完文章之后，对所有学生进行回忆测验，检查对文章的记忆效果。**实验结果表明：在听课的同时，自己动手写摘要组的成绩最好；在听课的同时看摘要，但自己不动手那一组的成绩次之；单纯听讲而不做笔记，也看不到摘要组成绩最差。**

一些学生认为，反正课本上什么都有，上课只要听讲就行了，没必要记课堂笔记。但是研究表明，对于同一段学习材料，做笔记的学生，比不做笔记的学生成绩提高二倍。

原因也许并不在于笔记本身，而是因为做笔记这个动作本身，有助于指引并稳定学生的注意力，加强他们对学习内容的理解。记笔记的过程也是一个积极思考的过程，可调动眼、耳、脑、手一齐活动，促进学生对课堂讲授内容的理解。

同时，记笔记有助于把老师在课堂讲授的一些新知识、新观点记下来，不断积累，获得许多新知识。

但是做笔记并不是将老师讲的每句话都记录下来，而是抓取知识要点，如重要的概念、论点、论据、结论、公式、定理、定律，对老师所讲的内容用关键词语加以概括。

但是，是不是要求每个学生上课都必须做笔记呢？

这倒也未必。首先我们要理解，课堂教学是由老师的讲课和学生的听课组成的。对学生来说，听课是第一位的、最重要的。他必须认真听课，积极主动思考，积极回答老师提出的问题，把老师讲的东西听进去并消化吸收。其次才是记笔记。只有听懂了课，记下来的笔记才会有意义。

有很多学生上课不做笔记，但是听得认真，而且听完就能抓住重点并且理解。这种思维能力是因人而异的，由此而养成的学习习惯也是不同的，不必强求一律。

所以说，上课是否做笔记，应该看孩子的思维和学习习惯。如果不做笔记并不影响他对学习内容的理解和记忆，那么就不必强求他一定要写笔记。

12

饥饿教育法：
怎样才能让孩子主动学习？

稍微用一点心，利用孩子的好奇心做引子，把他们的学习兴趣"引燃"其实并不难。

在社会竞争日益激烈的今天，"不让孩子输在起跑在线"成了一句流行的口号。很多父母给孩子买各种各样的书和学习光盘，还有五花八门的智力玩具，几乎都把房间堆满了。但是孩子偏偏逆反，对这些东西毫无兴趣。于是，有些父母就会采取各种方式，"强制"孩子学习。

但是，强迫学习，只会让孩子感觉沮丧和失败，是绝不可取的。强迫的身体锻炼，可能不会对身体有伤害，但在强迫之下获得的知识，是不会在头脑中保留的。

远在两千多年前的公元前360年，柏拉图就建议，不要向学生进行填鸭式教学："不应该有任何强制的教育。自由人不应该在获取任何知识时成为奴隶。"

有一次，著名教育家陶行知在武汉大学讲演。他走上讲台从包里拿出一只大公鸡，台下听众全愣住了，不知道陶先生要干什么。接着陶先生掏出一把米放在了桌子上，然后按住鸡头强迫它吃米，可大公鸡只叫不吃，怎样才能让它吃呢？他又掰开大公鸡的嘴，硬塞大米给它吃，大公鸡拼力挣扎还是不肯吃。

这时，陶行知就轻轻地松开手，把鸡放到桌子上，自己后退几步，这时大公鸡自己就吃了起来。

学习的核心问题，就是一个兴趣。孔子说："知之者不如好之者，好之者不如乐之者。"强按牛头不喝水，强按鸡头不吃米，兴趣才是最好的老师。但是怎样才能引起孩子的兴趣呢？

在这里，我想推荐日本教育家铃木镇一的"**饥饿教育法**"。

在铃木的教室里，经常有许多孩子被带来学小提琴。对于初次参加学习的孩子，铃木的做法是完全禁止摸琴，只允许在旁边观看其它孩子演奏。听到其它孩子奏出梦幻般优美的乐章，新来的孩子学琴的欲望被强烈地刺激起来。直到这时，铃木才许可孩子拉一两次空弦。

你也许不理解，为什么要限制孩子摸琴呢？其实这正是"饥饿教育"的奥妙所在：因为这样一限制，给孩子的传递的信息不是"要你学"，而是"你还没有学的资格"。这样一来，却使琴在孩子心目中的价值无形中提高了，对孩子的吸引力大大增强了。

说到底，这是一种欲擒故纵的教育方法。从心理学上来说，它是完全符合人的学习心理的。

回到孩子的教育问题上，就是要启发求知人学习的兴趣，也就是孔子说的"不愤不启，不悱不发"。

明代的王阳明一生桃李满天下，他强调，一定要顺应孩子的性情，激发他的兴趣，以诱导启发来代替督责。他形象地说："大抵童子之情，乐嬉游而惮拘检，如草木之始萌芽，舒畅之则条达，摧挠之则衰痿。今教童子，必使其趋向鼓舞，中心喜悦，则其进自不能已。"

宋代著名的三苏——苏洵和他的两个儿子苏轼、苏辙，有一副对联形容他们的文学成就，说是"一门父子三词客，千古文章四大家"，可以说是空前绝后，无人能比。

但是据记载，苏轼和苏辙并非天生神童，小时候也非常顽皮，贪图玩乐而不爱读书。父亲苏洵并没有采取"棍棒教育法"，而是采用了我们开头所说的"饥饿教育法"。每当孩子们玩耍打闹时，苏洵就躲在书房里面读书，有时还忍不住哈哈大笑。

当儿子跑过来想瞧个究竟时，他又把书赶紧"藏"起来。孩子们以为父亲瞒着他们看什么好东西，就趁父亲不在家时，将书"偷"出来看，渐渐地也喜欢上了读书。

孩子的头脑不是一个要被填满的容器，而是一个需要点燃的火把。稍微用一点心，利用孩子的好奇心做引子，把他们的学习兴趣"引燃"其实并不难。

你可以拿起一本书，声情并茂地讲述，待把孩子的兴趣引到高潮后，停住不讲并把书"不经意"地放进抽屉，或放回书架较高的位置。

这个动作好像在告诉孩子：这本书虽然有趣，但太深奥，你还看不懂。孩子出于好奇心，一定会爬凳子找书看，阅读的趣味也会倍增。找书来读的过程，对孩子来说就像是一次冒险游戏一样充满刺激，他自然会乐此不疲。

13

聚光灯模型：
应该放纵孩子看卡通片吗？

孩子的大脑还没完全发育成熟，他为了专注要费很大的力气。

注意力不集中、易分心，是很多孩子具有的特点。年龄越小，他控制注意力的时间越短。小学一年级的学生一次集中注意力时间至多也只有 15 分钟，经常是眼睛盯着老师，但没跟着老师的思路走。

这是由于孩子的神经系统还处在发育当中，不够完善，注意力不集中这种情况将随着年龄的增长渐渐好转。可是小学要求学生上课要坐半小时以上，所以不能被动地等待孩子的自我发育的完善，否则将影响学习效率及学习成绩。

所谓注意力集中，实际也就是人们所说的专注。它是在同时存在几个可能的观察对象或思考对象时，大脑清晰而生动地牢牢抓住其中一个的状态。它的本质是意识的聚焦和集中，这就意味着舍弃一些东西，以便更有效地处理所专注的事情。

威廉·詹姆斯曾经用一个**"聚光灯模型"**描述专注：如果世界是一个大舞台，那么我们只注意到聚光灯照亮的小圈子范围内的事物。聚光灯照亮的区域以外，一片漆黑。正如詹姆斯指出的，这是因为人们的专注行为与视而不见交织在一起；专心于一件事情，就意味着无视除此以外的其它一切。

科学研究已经证明，孩子无法在一定时间内专注于一件事，是因为他们的大脑发育还不成熟。

人类专注的能力，即仅仅注意舞台上的聚光灯下那一小块地方的能力，是由额叶皮质（前额背后的脑叶）决定的。但是额叶皮质，直到青春期后期才能完全形成。这意味着，孩子的大脑还没完全发育成熟，他为了专注要费很大力气。

美国密歇根大学的发展心理学家约翰·哈根，设计了一个记忆任务。他给孩子们一副牌，并一次显示其中的两张牌。他要求孩子记住右边的牌，无视左边的牌。毫不奇怪，年龄较大的儿童和成年人记住的牌比较多，因为他们能够聚焦他们的注意力。然而，年龄小的孩子往往记住一些应该忽视的左边的牌。

显然，如果成人的注意力像一束探照灯光，那么婴幼儿的更像是一个灯泡，光芒一视同仁地普照四面八方，感知和接受一个更广阔舞台的刺激。

虽然无法集中注意力是婴幼儿一项极其重要的资产，使他们能注意到身边的一切，并因而能够更好地了解全部事物是如何联系在一起的。但是为了那些需要专注力的学习，还是要加以引导和培养。

苏联心理学家曾做过这样一个实验：让幼儿在游戏和单纯完成任务两种不同的活动方式下，将各种颜色的纸分装在与之同色的盒子里，观察孩子注意力集中的时间。

实验结果发现，在游戏中4岁幼儿可以持续进行22分钟，6岁幼儿可坚持71分钟，而且分放纸条的数量比单纯完成任务时多50%。在单纯完成任务的形式下，4岁幼儿只能坚持17分钟，6岁幼儿只能坚持62分钟。

这项研究表明，孩子在游戏活动中，其注意力集中程度和稳定性较强。因此，我们可以让孩子多开展游戏活动，在

游戏中培养婴幼儿的专注力。

第一种方法是玩扑克游戏。

取三张不同的牌（去掉花牌），随意排列于桌上，如从左到右依次是梅花2，黑桃3，方块5、选取一张要记住的牌，如梅花2，让她盯住这张牌，然后把三张牌倒扣在桌上，由家长随意更换三张牌的位置，然后，让她报出梅花2在哪儿。如她说猜对了，就胜，两人轮换做游戏。

随着能力的提高，家长可以增加难度，如增加牌的数量，变换牌的位置的次数和提高变换牌位置的速度。

这种方法能高度培养注意力的集中，由于是游戏，符合孩子的心理特点，非常受孩子欢迎，玩起来孩子的积极性很高。每天坚持玩一阵，注意力会有所提高。

第二种方法是玩"开火车"游戏。

这种游戏要三人以上，一家三口就可以完成，当然如果有爷爷奶奶或其它人参加，那就更好了。为了叙述的方便，现以三人为例，方法是：三人围坐一圈，每人报上一个站名，通过几句对话语言来开动"火车"。

比如，父亲当作北京站，母亲当作上海站，孩子当作广州站。父拍手喊："北京的火车就要开。"大家一齐拍手喊："往哪开？"父拍手喊："广州开"，于是，当广州站的儿子要马上接口："广州的火车就要开。"大家又齐拍手喊："往哪开？"儿子拍手喊："上海开。"

这样火车开到谁那儿，谁就得马上接得上口。"火车"

开得越快越好，中间不要有间歇。这个游戏由于要做到口、耳、心并用，因此能让注意力高度集中，同时也锻炼了思维快速反应能力，而且这种游戏气氛活跃，能调动人的积极性，孩子玩起来会乐此不疲。

第三种方法是利用"舒尔兹表格"进行注意力训练。

舒尔兹表格，是将一系列数字随机放在表格中，让孩子按顺序找到这些数字，记录孩子每次用的时间，每天玩一到两次，比如：1到25这些数字随机放在5×5的表格中（如下图），孩子就要从1依次找到25，数字可以随着训练的进行逐渐增多。为了增加训练的趣味性，孩子可以和家长比赛，或者和自己比赛，记录每次所用的时间，有进步就给予表扬。

19	9	4	15	13
8	22	14	5	2
24	1	10	17	21
20	7	18	11	3
6	12	25	23	16

（5×5舒尔兹表，随着孩子越玩越厉害或者孩子年龄增大，可以玩6×6、7×7、8×8……的）

如果孩子在上课听讲时容易走神，就要训练他的听力注意力。

可以每天给孩子读一篇文章，读完后要他回答书中的问题，长期坚持就会提高孩子的听力注意力。或者由家长给孩子念一组数字，或一组词语，让孩子正背或者倒背出来，比如"3698"，倒背就是"8963"，逐渐增加数字和词语的长度。

这个游戏不仅能训练注意力，还训练了孩子的记忆力。还可以每天回来追问一下每天上课的内容，让孩子把每天每节课的内容复述给家长们听，这样也能无形中养成孩子上课认真听课的习惯。

最后一点，也是父母容易忽视的一点，就是不要让孩子看太多快节奏的卡通片。

卡通片情节生动、内容丰富、画面鲜艳，许多年轻爸妈都喜欢拿来当孩子的"小老师"。然而，美国弗吉尼亚大学心理学系教授李拉德（Angeline S. Lillard）近期却通过实验研究发现，看《海绵宝宝》一类快节奏卡通片的儿童，在一系列有关逻辑能力、记忆力和判断力的测验中表现不佳。她认为，如果长期观看此类卡通片，可能有损孩子的注意力等认知能力。

另外，有些孩子在学习时喜欢突然开小差，问父母一些与学习无关的问题，比如晚上吃什么，或者学校里有什么新鲜事。这个时候家长不要搭腔，因为你一搭腔，实际上就是默认孩子写作业时可以走神了，又把孩子的注意力分散了。最好告诉孩子，有什么事待她作业做完后再问。

著名教育家乌申斯基说："注意是学习的大门。"只要你注意到影响孩子专注的因素，进而根据孩子专注发展的特点，采取适当的方法，有计划、有目的地训练，相信一定会取得成功的。

14

瓦拉赫效应：
为什么孩子会偏科？

学习不仅仅是一场智商的较量，更多的是情商的较量，学会与不喜欢的老师沟通是十分必要的。

偏科，是我们在评价孩子的学习时经常用到的一个词。在学习中，如果孩子在成绩上反映出来的某一科分数持续较低，或者对某一学科的态度特别冷淡，都称之为偏科。对于孩子的偏科问题，我们要理性地看待。

奥托·瓦拉赫是诺贝尔化学奖获得者，他的成功过程极富传奇色彩。瓦拉赫在开始读中学时，父母为他选择了一条文学之路，不料一学期下来，教师为他写下了这样的评语："瓦拉赫很用功。但过分拘谨，难以造就文学之材。"

此后，父母又让他改学油画，可瓦拉赫既不善于构图，又不会润色，成绩全班倒数第一。面对如此"笨拙"的学生，绝大部分老师认为他成才无望，只有化学老师认为他做事一丝不苟，具备做好化学实验的素质，建议他学化学，这下瓦拉赫智慧的火花一下子被点燃了，终于获得了成功。

瓦拉赫的成功说明，孩子只有找到了发挥自己智慧的最佳点，才能使智能得到充分发挥，取得惊人的成绩。后人称这种现象为**"瓦拉赫效应"**。它同时也说明，孩子的智能发展是不均衡的，都有智慧的强点和弱点，要求他们各科成绩齐头并进是不现实的。

不过，中小学生的基本任务，是系统地学习各科的基础知识。偏科孩子的学习心理与学科内容的难度和广度不能同步提升，会影响到他们正常的学习。某个科目总是学不好，久而久之就对这个科目产生了恐惧心理和排斥心理，成绩也就越来越下降。如果得不到正确的帮助和引导，往往会越是偏科，越容易走入厌烦该科的恶性循环。

有一个孩子已经上初三了，很聪明，在老师和同学们的眼里，他是个"怪才"，数学成绩在全年级一直名列前茅，而语文成绩却一直不太理想。尽管大人常常督促他在语文学习上多下些工夫，但效果甚微。他在作文中写道："我不喜欢语文课和音乐课。语文课上老师总有问不完的问题，而我又回答不好，所以一到语文课就担心老师提问。音乐课我也不喜欢，因为我觉得自己总是唱不好，同学们会嘲笑我。"

天赋、教师、家庭、同学等等，都可能成为孩子偏科的影响因素。如果只是对孩子泛泛地提要求、说道理是没有用的，必须找到问题产生的根源，对症下药，才有可能真正地帮助学生摆脱这种糟糕的学习状况，帮他们树立继续前进的信心。

孩子的智力发展倾向以及思维方式的差异，是导致偏科的主要原因之一。因为智力倾向不同，孩子就会很自然地对某些学科兴趣较强，产生学习动力，便能主动积极地去学这门课。同时，对某门学科兴趣弱或没有兴趣，自然不愿把功夫下在这门课上。

巴勃罗·鲁伊斯·毕加索是世界最具影响力的现代派画家，一幅画可拍卖到上亿美元。他从小就很有艺术天赋，但却似乎永远都学不会枯燥无味的算术。他对父亲说："一加一等于二，二加一等于几，我脑子里根本就没法想象。不是我不努力，我拼命想集中自己的注意力，可就是办不到。"

一般来说，擅长形象思维的孩子，逻辑思维方面就会有所欠缺，稍不注意，就会出现文科成绩好而数学和理科成绩不理想的情况。在这种情况下，要充分肯定他的长处，发挥他的长处，增强他继续学习的信心。在学习生活中教育他扬长避短或取长补短，以弥补理科学习上的缺陷，让理科学习达到基本要求。反过来，也是一样的道理。

如果孩子偏科，是因为以前没考好等原因对某一科有恐惧感，那么首先要让他保持冷静，帮助他从心底深处解开这个结，不能再怕下去了。让他把以前的课程再复习一两遍，然后找一些低年级的试卷来做，一般来说，会取得了很好的分数。这可以让他认识到原来自己能取得好成绩，从心理上根本性地改变悲观心理，从而有勇气面对这一科目。

一些孩子学习偏科，是受到与老师关系的影响。学生偏爱某一学科往往是由于喜爱任教该科教师所致，偏爱某一学科，有助于提高该科学习成绩，而好的学习成绩，又强化了对该科的喜爱，形成良性循环；反之学生不喜欢某个老师，也往往不喜欢某个老师所教的学科，久之，学习成绩下降，丧失对这一学科学好的信心，导致恶性循环。

要告诉孩子，学习不仅仅是一场智商的较量，更多的是情商的较量，与老师相处则是学校生活必需的生存技巧，学会与老师沟通，特别是与自己不喜欢的老师沟通是十分必要的。一个有成熟思想的人，可以不接受老师的表现甚至做法，但也没有权力改变对方，而且只能与之保持合作关系，各取所需。无论是积极对抗还是消极抵抗，都太幼稚太冲动，不能适应将来的社会。

父母也可以主动与任课老师沟通。特别是向弱科的任课老师了解孩子偏科的原因，共同商讨可能的办法。譬如可建议老师针对孩子的特点，多提简单的问题让孩子来回答，多给予积极的赞赏和鼓励，增强孩子对弱科学习的信心和兴趣。

而某些家庭特定的文化氛围，也会诱发学生偏科，如家长爱好文娱，家庭艺术氛围浓，孩子往往偏爱音乐；家长爱好体育，喜欢活动，则孩子偏爱上体育课。而有调查发现家长是语文教师的，孩子爱学语文，数学教师的孩子爱学数学。这就需要家长自己兴趣更广泛一些，而不要仅仅局限于一两种爱好。

2006 年 5 月，来自中国宁波的女孩朱成，成为哈佛大学校史上第一位华人研究生院学生会总会主席，引起哈佛大学及美国华人社会的注意。

而在朱成的成长过程中，也曾经发生过偏科现象。朱成进入初中后，很喜欢语文、数学、英语、物理等，唯独对化学不感兴趣。有一天，父母在看一个相声节目时受到了启发，于是和她在家表演了一个话剧——《五科争功》，爸爸分别扮演语文、物理、化学；妈妈分别扮演数学、外语；让朱成扮演大法官。

爸爸和妈妈分别代表各科上场，强调自己是最重要的一门学科，而其它学科都微不足道。结果，朱成明白了其中道理，有意识地去多接触相关的知识，偏科现象逐渐消失了。

每次考试成绩出来，朱成都会这样报告自己的成绩："爸爸（语文）90分，妈妈（数学）95分……"对此，她有一个比喻："我爱爸爸，也爱妈妈，不敢偏心哪一个。"

美国哲学家埃默森说过："从现在起我的知识面要拓宽，不能偏于一门，广博的知识才是应变能力的基础。"相信只要明白了这个道理，再接着对症下药，耐心地帮助孩子调整自己的学习心态，偏科现象一定是可以纠正的。到那时，我们就可以进一步考虑，怎样才能培养出一个瓦拉赫……

15

读写困难：
一种无法预知的学习障碍

读写困难跟脑部运作有关，不是由智商或学习态度引起的。

有很多家长发现，平时表现很聪明的孩子上了小学以后，学习成绩却总上不去，朗读的时候丢字漏字，读完了不知道什么意思，写作业很慢。

他们经常会以为这是孩子不用功，所以经常督促孩子放了学补课到很晚。但事实上，这些孩子很可能有读写困难症。

读写困难症是一种学习障碍，主要影响孩子阅读和深入理解语言的能力。在多数情况下，这样的孩子在阅读、朗诵、书写、发音时比同龄孩子困难。

读写困难的概念，是1963年4月6日美国特殊教育专家柯克在"知觉障碍儿童基金会"研讨会上受邀发表演讲时首次提出的，简单地说，读写障碍是指智力正常或超常，但在读写能力上落后于同龄孩子的现象。

实际上，读写困难的孩子远比我们想象的要普遍得多。国际阅读困难症防治协会估计，这类患者占学生总数的8%~15%。在美国，发生概率是15%，香港是12%，中国内地是10%，也就是说整个中国就有5000万儿童有不同程度读写困难，数量相当于法国人口，仅北京地区就有10多万！

许多名人都曾患有读写困难症，科学家爱因斯坦、英国维珍公司创办人理查德·布兰森、著名模特朱迪·基德等都饱受此苦。好莱坞明星汤姆·克鲁斯说："我患有'诵读困难症'，许多小伙伴以此来取笑我。这一经历使我的内心变得极为坚强，因为你需要学会平静地接受这种嘲讽。"

有研究表明，读写困难跟脑部运作方式有关，不是由智商或学习态度引起的。这一点我们必须记住。实际上，读写困难的孩子可能是聪明过人的，而且有很多令人惊讶的优点。他们可能在艺术、音乐方面表现卓越，或者有可能成为一名职业运动员。而且，他们可能比班里的其它任何同学都更努力。

　　读写困难是一种"无法预知"的学习障碍。这主要是因为孩子的潜力往往超出成人的想象，他们会用一种独特的方式，将读写困难隐藏起来，比如说记住了故事里的单个字，并且利用文章的线索来领会这些词。这样，家长和老师可能会忽视这个问题，直到孩子升到三四年级。

　　读写困难反映在每个孩子身上是不同的，但是都会有一系列问题。下面是一些读写困难症较普遍的征兆，孩子可能只表现出其中的一种症状。

　　开始说话较晚；要花一段时间才能把词说出来；喜欢听别人读故事，但是对字词或拼音不感兴趣；运动技能较差；不能分辨出押韵的字词。

　　很晚才形成左右手使用习惯；经常会颠倒字母和数字（b/d，p/q 等等）；书写不够清晰，结构性很差，一些字词中间错误地留出空隙；读故事的时候，经常添加或者遗漏一些单词；理解困难。

　　受这些问题困扰的孩子，决不会某天早上一起床后就突然豁然开朗，把所有事情都懂了。问题不仅无法靠孩子自己解决，甚至会随着年龄增长而越来越严重。

由于他们有一套自己独特的学习方式，随着他们开始上学，一个最突出的问题是：他们无法在传统的教室环境中学习读和写。

每个孩子都有自己的学习方式，有的通过视觉学习，有的需要听入信息，有的需要通过操纵身体获取信息，还有的需要使用所有的感觉来学习。然而，在学校里，老师通常都是以听觉学习的方式来教课，用口头语言来讲述、解释和回答问题。

但是读写困难的孩子却无法自己对这一信息进行加工。他们需要一种不同的学习方式。一般说，读写困难的最佳治疗期为 7~12 岁。

从理论上说，应对读写困难的最好方法，就是使用多感官方式，将听觉、视觉和触觉学习方法结合起来，教孩子技能和概念。

有人通过自己的实践发现，拿起一本书给孩子讲故事时，不要"讲"而一定要"读"，即完全按书上文字一字字给她读，而不要把故事内容转化成口语或"儿语"。

原因在于，对于白纸一样纯洁的孩子来说，任何词汇于他都是全新的。我们认为"通俗"的或"不通俗"的，于他来说其实都一样。"大灰狼悠闲地散步"和"大灰狼慢慢地走路"，在刚学说话的孩子听来，并不觉得理解哪个更难。

当孩子理解了文字的作用，把故事与文字联系到了一起，那么文字在他的眼睛里就是有内容的，就是有趣而生动的故事，一点也不空洞枯燥。这对于培养孩子的读书兴趣是十分重要的一环。

读写困难等语言障碍，是儿童语言发展过程中一种常见现象，和其它病理性障碍并不是一回事，严格来说甚至不能算是"病"，而且大多完全能治好。一般来说予以足够的重视和及时、科学的矫治，不会影响孩子的学习和心理上的健康成长，而且矫治愈早，疗效愈好。

英国安德鲁王子的女儿比阿特丽斯公主，1996年7岁时，被发现患有读写困难症，经过多年的努力，到2005年时，阅读和写作已经和同龄人差不多了。

作为家长，应给孩子更多的爱心、关心和耐心，为孩子提供一个宽松的生活、学习和治疗背景——研究已证实，良好的环境可大大提高治愈率。

16

心理张力：
强制孩子读书，"悦读"变"苦读"

读书并不是孩子的功课，而是一种生活方式，是一个家庭休闲和相处的环节。

书籍是人类的巨大财富之一，读书可以休养身心、开阔视野。美国伊诺斯大学的研究者德·多金（De Donjon）教授对 205 名具有较强阅读能力的儿童进行了调查研究，结果表明，这些儿童都在学龄前就已经具备相对独立的阅读能力，他们的共同之处是：从很小的时候起，父母就使他们养成了爱读书的习惯。

但是在当代中国，阅读却成了很多家庭的奢侈活动，人们越来越喜欢待在电视或计算机前。如果小孩子看到父母都不阅读，很难想象他们会主动坐下来静心读一本好书。

让孩子喜欢上读书，强制差不多是最坏的办法，甚至会适得其反。因为即使是再有乐趣的事情，也没有任何人愿意在别人的强制下去体验。

说起阅读，有些父母往往与识字或接受信息量联系在一起，把阅读当作一项作业，忽略了兴趣的提高和能力的培养。他们关心的只是孩子认识了多少字，而不是和孩子分享阅读的快乐，这对孩子是非常不利的。

我们必须理解，读书并不是孩子的功课，而是一种生活方式，是一个家庭休闲和相处的环节。只有理解了这一点，读书才会成为孩子生活中的一部分。

真正的阅读，应该是"悦读"，而不是苦读。不要只命令她去读书，而是和她一起读，这样她会认为读书不纯粹是学校的要求，大家是因为爱读书而读书。

忙碌而专心的大脑，对愉快的感觉输入会特别注意。至于读什么不读什么，大可把选择的权利交给孩子，或者至少让孩子亲自参与选择书籍的过程。找到最好的书籍，固然可以激发和建立孩子们对读书的兴趣，但是他自己选择的东西，他会更感兴趣。兴趣才是最好的老师。

另外，在培养孩子爱上阅读的过程中，我们有必要利用一下心理学效应。

俄国心理学家布鲁玛·蔡戈尼（Bluma Zeigarnik）曾经做了一个实验。她给128名孩子布置了一系列作业，诸如读小说、制作泥人、做算术题、看图作文等，让孩子们完成其中部分作业，而另一些作业则在孩子们进行到一半时令其停止，不再完成。

几小时后，她要求孩子们回忆所做作业的细节，结果发现，有110名孩子能清楚地记住尚未完成的作业，而对已经完成的作业则印象模糊，甚至不记得了。

这个实验证实，包括孩子在内，人都有一种自然倾向去完成一个行为单位，如解答一个谜语，读完一本书，学好一门语言等，这就是所谓的"心理张力"。"心理张力"可以使人经常处于"适度紧张"状态，从而保持积极的心态。

我们了解这个效应之后，可以创造性地运用孩子的"心理张力"，提高他的学习主动性。下面是一位妈妈所写的经验：

4岁的斌斌每晚睡觉前，总缠着妈妈给他讲故事，却不肯自己看书。这天晚上，妈妈拿了一本崭新的故事书，给斌斌讲故事。故事写得精彩,妈妈讲得生动,斌斌听得津津有味。

正当讲到最精彩的时候,电话铃响了,妈妈放下书去接电话。十多分钟之后,妈妈回来了,发现斌斌正捧着故事书,专心致志地看呢,妈妈的脸上露出了狡黠的微笑。

还有一种激发孩子阅读兴趣的简捷办法,就是给她提供那些拍成了电影或者来自电影的书。很多人看了电影以后,都会选择去买原著来读一读,孩子也不例外。

与孩子一起探讨,也可以提高她的读书兴趣。虽然读书是很个人化的活动,但每当读完一本书,几乎每个人都会想要和别人来讨论下刚才所看的内容。可以和孩子一起阅读,并把你所喜欢的部分告诉他,然后问他对哪一部分更感兴趣,这样做还可以拉近父母与孩子之间的距离。

你们可以依偎在一起看各自的书,或者轮流大声地朗读她的书。每天留出时间来,全家静静地坐在一起读书,分享一下各自看到的有趣的文章。

读书时可以准备一些音乐或者美食。人的大脑天性会寻求新鲜的、色彩缤纷的、有音乐感的、移动的、芳香的感觉输入。把这些感觉与读书结合起来,能够使他们享受读书的快乐。

17

易感效应：
为什么孩子会反复看一本书？

重复读一本书是一种积极、正向的心理行为，可能是源于人们天生的好奇心理。

在生活中，我们看到有些孩子很早就养成了读书的习惯，不管是图画书也好，小人书也好，都可以让孩子感动其乐无穷。有些孩子看完一本换一本，很有成就感。但也有些孩子总是喜欢反复地看一本书，看了好多遍了，还是不肯换别的。于是，有些家长就困惑了，不知道这样好不好。

其实，对于只有几岁的孩子来说，由于记忆力和理解力还相对有限，书里新奇的词汇、表达方式和知识素材，往往需要经过多次的重复，才能在不断的强化中纳入长时记忆，成为可以随时提取的思维素材，所以孩子反复看一本书是正常的。

而且，人对外界的事物都是越理解越熟悉就越喜欢，当孩子重复看某本书的时候，他既获得了精神的愉悦，同时又满足了好奇心和探索欲，可以深入体会书要传达的意境和变化，体会人物之间的感受。

可以说，看一本书总要翻来覆去重复看才觉得"过瘾"，是一种积极、正向的心理行为，我们做家长的不仅不需要害怕孩子重复看书，甚至要鼓励孩子重复读一本书。

在反复的阅读中，由于先前的阅读已经改变了阅读者知识结构，再读一遍，他就会更容易觉察书中所包含的潜在意义。这种现象，在教育心理学中称为"**易感效应**"。

心理学上的同化理论认为，当新获得的意义还比较清晰和完整地保持在认识结构中时，再一次接触这个已学过的材料，已经获得的认识内容会使学习者产生这种易感效应，更

易于觉察精细的意义和微小差别。

据美国 MSNBC 网站近日报道，发表在《消费者研究》期刊的一项新研究，对人们反复阅读同一本书或回放同一部电影的动机进行了调查。结果发现，对大多数人来说，这种"二次消费行为"并不是为了回顾或记牢其中的内容、细节等，而是希望自己能用一种全新的视角来看待它，从中挖掘出更多有用的信息，获得新的启发。

研究领导者、美国大学消费心理学家克莉斯汀·罗素也表示，回顾以前的经验，重复读一本书是一种积极、正向的心理行为，可能是源于人们天生的好奇心理。这就像是对自我的一种挑战，有助于激发人们的探索欲望，进一步从更全面、独特的视角思考问题。

有一次张方平遇见苏轼的父亲苏洵，就问他苏氏兄弟在看什么书。苏洵回答："苏轼正在读第二遍《汉书》。"张平方惊讶说："世间的书还有值得读两遍的吗？"

苏轼后来听到后说："看两遍有什么稀奇？这位先生不晓得世间还有值得读三遍、四遍的书！"

苏轼在诗、词、散文、书法、绘画等领域都能开风气之先，而在读书方法上，三、四遍地读一本书也正是他的独创。他在《又答王庠书》中答侄女婿王庠"问学"，介绍了这一读书方法。

他在信中说："少年为学者，每一书，皆作数过尽之。书富如入海，百货皆有之，人之精力，不能兼收并取，但得其所欲求者尔。故愿学者，每次作一意求之。"

这一段的意思是说，年轻人读书，每一本好书都读它几遍。世界上的书就像大海一样丰富，什么领域的都有，但是人的精力有限，不可能兼收并取，只求得到想要的就可以了。希望学者读书，每读一遍都只带着一个目标去读。

其实，苏轼就是这样来读《汉书》的：第一遍学习"治世之道"，第二遍学习"用兵之法"，第三遍研究人物和官制。数遍之后，他对《汉书》多方面的内容便熟识了。这种定向专一、反复整取的阅读模式是：带着 A 目标读第一遍，带着 B 目标读第二遍，带着 C 目标读第三遍，带着 D 目标读第四遍……

苏轼在信的末尾说："甚非速化之术，可笑可笑。"意思是，远不是速成的方法，呵呵。后代颇有些人对苏轼的谦虚不以为然，自以为能眼观六路、耳听八方，何必一意求之？殊不知贪多求快乃生性浮躁，涉猎虽广却是过眼烟云。

中国大数学家华罗庚先生曾经说过，读书的真功夫在于"既能把薄的书读成厚的，又能把厚的书读成薄的"。按照苏轼的方法，读厚又读薄的过程，实际上就是把这本书读成几本书，进而化为自己所有的过程，一本《汉书》，在苏轼那儿被读成了《汉书政治学》《汉书军事学》和《汉书人物志》几本甚至更多本书。

　　由此可见，一本书孩子看得越深入越好。在孩子看书的过程中仔细观察，可以了解他的专注程度，如果孩子拿一本书翻一翻，还没有看明白，又看另一本，就说明给他的引导有问题。

18

朗读记忆：
上早读课对记忆有没有帮助？

如果把大量的内容一齐朗读，可能效果不如朗读其中的重点。

孩子上学以后，老师往往要求孩子朗读课文。可是有的家长发现，孩子的嗓门很大，但对内容的记忆很差，经常是"老和尚念经——有口无心"，于是就开始疑惑，孩子又用口又用脑，难道不会分心吗？

在这个问题上，口与心其实是不矛盾的。大声地朗读，也并不影响孩子的思考和理解，甚至会有助于记忆。

因为朗读是一种"**运动记忆**"，在大声朗读时，它使口腔肌肉的运动沿着某种惯熟的"路径"形成一种长期记忆，由此产生的记忆效果可以延续几年、几十年甚至终生。

苏联教育家瓦·阿·苏霍姆林斯基曾经指出：

在小学里，你要教会所有的儿童这样阅读：在阅读的同时能够思考，在思考的同时能够阅读。必须使阅读能达到这样一种自动化的程度，即用视觉和意识来感知所读材料的能力要大大地超过"出声地读"的能力。前一种能力超过后一种能力的程度越大，学生在阅读时进行思考的能力就越精细。

说到底，这也就是孔子所说的"学而不思则罔，思而不学则殆"。但是任何事情的利与弊，都不是绝对的。日本有一位叫高木重朗的心理学家曾说过：

一般来说，朗读比较好记。尤其是头脑不清醒的时候，更应该清楚地读出声来，这是因为朗读会给大脑以刺激，思想容易集中到一点，整个身心好像进入了"临战"状态。

高木重朗与苏霍姆林斯基的观点似乎是针锋相对的，应该听谁的呢？还是来看看实证的研究吧。

在 2010 年 5 月的《实验心理学》杂志上，有一篇由考林·麦克劳德等撰写的论文，题目是"学习，记忆与认知"。文章建议说，在学习时，偶尔自言自语、念念有词，也许是个不错的主意。

在文章中，他们通过实验研究了人们对像单词表一类事情的记忆。他们发现，如果让人们记忆单词时，默默地阅读单词表里的一半单词，但是却大声地念另一半的话，那么大声念的一半，比默读的另一半，被他们记住的单词要多得多。

作为对比，他们找了另外两组人，一组大声念名单上的所有单词，另一组默默地念名单上的所有单词。**全念的比全不念的，在记忆单词上的表现好不到哪里去。倒是只大声念一半而默读另一半的人，记忆单词的成绩最好。**

由此可见，我们不能泛泛地说出声朗读一定能帮助记忆，苏联人和日本人各说对了一半。

念一半默读一半的记忆之所以效果好，其中的原因在于：不同的阅读方式，使单词表里的一部分与众不同。口中朗读的词，现在变成语音又被他的耳朵听到，他知道曾经"生产"过它们，并且记得曾经听到过它们。所有这样的信息使他念过的单词，有别于默读的其它单词，因而被你记的更牢。

记忆的窍门之一是"独特性"。说的是，独特的东西让我们更记得住。我们身边的例子是，多少年以后，当你遇到老同学老朋友时，每个人似乎都以不同的方式，记得学校里那个与众不同的孩子。

这一结果建议，如果你的孩子需要记忆某篇文章的一些内容，他应该先找出那些最重要的信息，大声地读出它们，以便更好地记牢它们。即使是小声地念叨一番，也有助于使它们更令人难忘。

朗读能加深记忆、巩固记忆，能唤起人们的感知和想象。但是，如果把大量的内容一齐朗读，可能效果不如朗读其中的重点。好钢用在刀刃上，不是吗？可见，读书出声与不出声哪个更好，从记忆效果来看，是没办法定性地分析，可能需要定量分析。

19

低效能学习：
幼儿过早识字有意义吗？

4 岁的孩子会认汉字和数字，随时可应成人的要求而反应正确，就被视为聪明，其实这只是一种表现的能力，与智力无关。

关于早教的问题，很多家长有一些似是而非的认识，比如认为早教就是让孩子早识字、早背唐诗甚至是学英语。

早在前几年，一个朋友带孩子来做客。这个年龄和笔者儿子差不多的小家伙，居然能够认几百个字，据朋友说，从小就教他识字，买幼儿图书在睡前给孩子讲解，将识字卡片贴在家中的物品上随时复习，看电视、逛街时也抓住一切机会教宝宝认广告、招牌上的文字……

但事实上，教育家鲁索很早就给这种努力泼过冷水。他指出，幼儿过早识字毫无意义，他形象地说："人们在煞费苦心地寻找教读书写字的最好办法，有些人发明了单字拼读卡和字卡，有些人把孩子的房间变成了印刷厂。真是可怜！"

而事实也证明，晚识字不见得一定会影响智力的发展。据记载，清朝的戴震九岁时才会说话，十岁时才入私塾读书，而后来他却成为集哲学家、数学家、训诂学家、地理学家和教育家为一身的大学问家；北京大学副校长陈章良教授在七岁之前也不识字，而他不到三十岁就成为博士生导师。这说明，识字早晚和以后的智力水平以及取得的成就，并没有必然的联系。

首先，过早进行识字这样明确而直接的学习，会影响孩子独立和有创造性地发现解决问题，限制其探索多种解决方案的能力。

加州大学的心理学教授艾莉森·高普妮克（Alison Gopnik），曾经在美国知名网络杂志Slate上发表了一篇文章，用实验结果来解释了这一点。

文章的题目是《为什么幼儿园不应该像学校：新研究表明给孩子教的越多，越适得其反》，其中指出，在孩子非常小的时候，太多的直接指令，或许可以帮助儿童学到具体的技能与知识，然而却忽略了儿童的好奇心与创造性，可后者从长远来看对于学习则更为重要。

最近听到一个调侃教育过于功利的顺口溜："在幼儿园读小学的课程，小学读中学的课程，中学读大学的课程，大学毕业后，再回头补习幼儿园的课程。"想一想，这又是何苦来着？！

其次，在孩子会读文章之前的识字方法，多是一种低效能学习。

美国著名心理学家奥苏贝尔（D. P. Ausubel）在教育心理学中最重要的一个贡献是提出"**有意义学习**"，这是一个和"机械学习"相对立的概念。他的重要论断是：有意义学习才是有价值的。

依据他的理论，无意义音节和词只能机械学习，因为这样的材料，不可能与孩子的认知结构中的任何已有观念建立实质性联系，这样的学习完全是机械学习，所以是低效学习。

在今天，教孩子认字最简捷常用的一种方式是识字卡。有很多家长认为，利用识字卡的确能提升和掌握不少的数字和文字，何乐不为？报纸上曾经登过一个消息，说一个 4 岁的孩子能认得 2000 汉字。原来是他的爷爷把识字卡片贴了满家，每天让孩子认。

然而，学外语的人都知道，如果孤立地背单词忘得很快，但如果把单词放到语境中学习，效果就非常好。所以，即使孩子通过识字卡认了好多字，如果不能专注地读一本书的话，那就是把识字和阅读割开了，可能早早地破坏孩子的学习兴趣和自信心。

迷恋识字卡的父母，建议阅读一本名为《爱因斯坦不玩识字卡》，因为它会告诉你把智力和表现能力混淆的危险性。

孩子智力的关键是如何学习、如何吸取经验和如何解决问题。4 岁的孩子会认汉字和数字，随时可应成人的要求而反应正确，就被视为聪明，其实这只是一种表现的能力，与智力无关。

婴幼儿的思维以具体形象和直观的行动思维为主，他们在理解事物时，是借助具体事物和直观行动进行的。要让他们区别盐和糖，与其带着他们 3 天化验、5 天观察、7 天分析、9 天研究，不如让他们自己用嘴去尝一下更有效。

浙师大心理系曹晓华副教授等研究者研究揭示：我们读到汉字，大脑会有专门的区域来加工这些汉字的视觉形状信息，这个专门区域就在左脑，心理学上把这种能力称为“专家化技能”。儿童大脑里的汉字识别机制到 7 岁才初步成熟。过早地让他们背唐诗、学习加减法等，往往只能是死记硬背或是囫囵吞枣。

学过的东西，说他们会吧，又不会；说他们懂吧，也似懂非懂，就像煮了一锅"夹生饭"。有一句俗话说，"回笼的馒头不好熟"。等上了小学，老师对这锅"夹生饭"也不好处理。

所以，教育学者认为，其实父母完全没必要在学龄前给孩子太多的"知识灌输"，会做多少算术题、能识多少个字或者能背多少首唐诗，这些都不是很重要的。

相反，父母要做的是启蒙孩子的想象力和探索精神，以及与人沟通的表达能力，并且要能养成今日事今日毕的良好习惯，这些能力才是基础中的基础，远比单纯地学"知识"重要得多。

一言以蔽之，反思可以集中在这样一个问题上：我们想培养的是乔布斯那样的人才，还是苹果专卖店里的打字员呢？

"不要让孩子输在起跑在线"这句话明显带有误导性，导致的结果是家长在教育孩子时严重违背了教育规律，磨掉了孩子的灵气与对可持续性学习的好奇心。所以，在考虑这个问题的时候，请记住一句话：抢跑的孩子，未必有后劲。

20

书法教育：
心手相通，练字即练心

用手书写时，手指的运动能激活大脑中涉及思考、记忆和语言等很大部分区域。

随着计算机的普及以及"无纸化办公"观念的推广，很多人都开始同意一个论调，那就是"练写字还不如练练计算机打字，反正以后主要是用计算机"。人们在生活中越来越少用笔写字，也就出现了"一手好字叫键盘废了"的现象。

这种观念反映在孩子教育上，就是对书法教育的忽视。很多家长认为，让孩子参加美术、音乐等艺术培训，成为特长生，能增加艺术特长，为以后上大学走上社会做准备。一些学校针对美术、音乐等艺术类特长生有一定录取名额，而对于书法几乎没有特长生名额。

的确，与计算机输入的快速整洁美观大方相比，传统的书写似乎已经成为一种落伍行为。有人甚至认为，就如同当初钢笔圆珠笔挤垮了毛笔一样，鼠标键盘挤垮笔杆也将成为时代进步的标志。

但是问题真的是这么简单吗？

古人说"为书之道，练字次之，练心为上"，指出练字并不仅仅是在纸上写字这样简单，还会培养人的心性素养。事实上，这种观点也得到了现代心理学研究的支持。研究表明，用手写字可能是一种训练大脑的重要方法。

美国华盛顿大学的心理学教授维吉尼亚·贝尔宁格（Virginia Berninger）说，用手书写，与用手敲击键盘打出字母不同，前者须要用线条创造出字母。这些手指的运动能激活大脑中涉及思考、记忆以及语言等很大部分区域。所以，**书写帮助孩子学习文字和形状，促进他们想法的形成，**

还可能使运动技能得到发展。

贝尔宁格研究发现，在二、四、六年级写作文时，比起用键盘打字的孩子，用手写字的孩子们能用更多的词汇，写得更快，还能表达更多的意思。

《认知神经科学杂志》的一项研究表示，不仅仅是孩子们受益于手写，成年人在学习一门新语言的时候，手写比敲键盘更能帮助记忆。

最近一项调查显示，83%的人有提笔忘字的经历，74.2%的人在工作生活中手写机会不多，68.8%的人有一年以上时间没收到过别人的手写稿。而当我们因为用久了计算机，而突然发现已经"得笔忘字"的时候，也许并不仅仅是因为对字生疏，而有可能是因为大脑中的某部分也发生了改变（更可能是退化）。

日本的计算机普及率很高，但每年仍会举办"写字节"。一到这一天，成千上万的日本人就聚集在一起写大字，场面十分壮观。

哲学家尼采曾经说："我们所用的写作工具参与了我们思想的形成过程。"我们的孩子有幸出生在方块字的国度，要珍惜这样的机会，不要把孩子放逐在书法美的国度之外。

世界上文字几乎都是表音的，也就是拼音文字。唯独汉字，既不是拼音文字，又不是象形文字，行如流水的草书，秀丽的楷书，端庄的大篆小篆，都充满了独特的魅力和深厚的文化积淀。

书写过程就是人"心手相通"的过程，是进行"投射"和"反射"的过程。从一个人的笔迹，甚至可以从中看出其性格禀赋与发展潜力。据说宋朝抗金名将宗泽一见到岳飞龙飞凤舞的手迹，马上说："此非凡品也"，提拔岳飞于行伍之中。

写字对于孩子们形成性格至关重要，如果从小写字不认真，以后做事很可能不认真。而练字，可以对孩子性格中的固执、柔弱、生硬、急躁、粗心、厌学、注意力差等弱点进行矫正，使其成为一个观察力强、心思细密、沉潜内敛而富责任感的人。

厦门教育学院的心理学家金一贵老师认为，通过练字，可以使孩子性格中的不足得到矫正："通过改变书写者原来运笔中不好的习惯，使新的书写行为形成投射，使之向内在的心理活动转化，进一步反射到大脑，并形成记忆，有助于新的良好的心理个性质量的培养。"

他曾经举了一个例子：

初一男生小辉性格内向，但好动有胆量。起初写字字间距、行间距很紧（为自己考虑多，对人际关系较认真），笔画直且硬，横折直角多（思维与行为表现刚且生硬），横画短、上仰，字瘦长，上紧下松，笔画挤往中间（有上进心，多思，良好的思维没充分展开，容易心烦）。

后来，小辉有针对性地进行字帖临摹训练后，在半年内书写有了明显改变，性格也随之开朗了不少，且有了不少知心伙伴。

　　除了对性格的影响，练习书法还能够加强孩子注意力、辨识速度与准确性，有助改善抽象推理能力、视知觉能力、视空间能力及短期记忆，对于孩子的智力发展的作用也不容小看。

第三部分

**培养孩子的主动性，
比每次写出正确答案更重要**

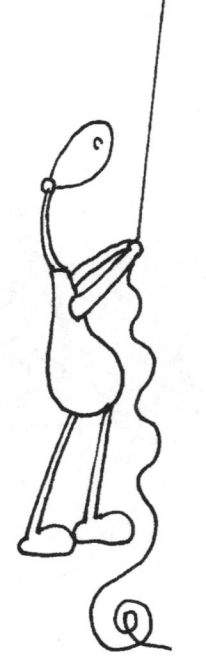

21

茉莉亚效应：
太重视孩子的成绩为什么不好？

考试得第一名的孩子，综合能力并不一定是最强的。

经常有一些朋友与我交流孩子的教育问题，那些学习成绩比较好的学生家长，大都会说：我们家里对他要求很严格，我要他每次考试都争取是班上的第一名。有的家长甚至会说，现在是赢家通吃的社会，孩子考不了第一，就永远没有成功的机会。

家长对孩子严格要求没错，用考试名次来衡量孩子的进步，这样的观念是危险的。

2004 年，《纽约时报》发表了一篇题为"**朱莉亚效应**（Julliard Effect）"的文章。朱莉亚音乐学校，是位于美国纽约的世界顶级音乐学院。能够进入朱莉亚学校的，全是来自世界各国的顶级天才级年轻音乐家。考取这所音乐学校，等于考中了音乐的状元——而且是全球的状元。

这篇文章的作者，调查了该校 1994 年毕业班几十位同学的就业现状，发现只有不到一半的人，在毕业十年之后还在从事音乐工作。很多人做着和音乐无关的工作，有人做了银行业，有人做了会计，有人从事了计算机行业，还有一个人居然做的是报税员，这是一种简单低级财务工作。

为什么这些来自全世界的音乐状元，毕业后的就业情况竟如此差强人意？《纽约时报》指出：无论你多么有才，要想获得成功，除了专业知识之外，你还必须拥有更全面的能力。

无独有偶，2009 年，中南大学教授蔡言厚带领的课题组发表《中国高考状元调查报告》，再次印证了这个结论：

1977 年至 2008 年 32 年间的高考状元，几乎没有一个成为做学问、经商、从政等方面的顶尖人才，他们的职业成绩远远低于社会预期。用一句成语来形容他们，就是"小时了了，大未必佳"。

大陆作家刘诚龙曾经做过一次有趣的调查，他把两份名单给人看，问他们是否熟悉这些人名。第一份名单是：傅以渐、王式丹、毕沅、林召堂、王云锦、刘子壮、陈沅、刘福姚、刘春霖。第二份名单是：李渔、洪升、顾炎武、金圣叹、黄宗羲、吴敬梓、蒲松龄、洪秀全、袁世凯。

结果，被调查者多数对第一份名单中的人一无所知，而对第二份名单耳熟能详。谜底最后揭晓是：第一份名单里的人，全是清朝的科举状元；第二份里的人，全是当时的落第秀才，后来却成为各领域的翘楚，有的成为思想家，有的成为文学家，有的成为一代枭雄……

那么，考试得多少名的学生，会取得高于预期的职业成绩呢？

杭州市天长小学的老师周武，用一个调查回答了这个问题。1989 年开始，他经过 10 年，追踪调查了 151 名毕业班学生。

他发现，学生的成长是一个动态的过程。在这种动态变化中，小学的好学生随着年级升高，出现成绩名次后移的现象：小学时主科成绩在班级前五名，进入中学后名次后移的，占43%；相反地，小学时排在七到十五名的学生，进入中学后，名次往前移的比率占81.2%。

周武提出了一个名词"第十名现象"：第十名左右的小学生，有着难以预想的潜能和创造力，让他们未来在事业上崭露头角，出人头地。这里所指的第十名，并非刚刚好第十名的学生，而是泛指成绩中庸的学生。这个群体的共同特征是：他们受老师和父母的关注不那么多，学习的自主性更强，兴趣更广泛。

爱因斯坦和比尔·盖茨在读书时期成绩并不好，可是后来却分别成为出类拔萃的科学家和企业家。据说，爱因斯坦在大学毕业后，曾经回母校找老师，但他老师根本记不起他，还以为来的是一个想借钱而谎称是他学生的小混混。

那么，导致这种现象发生的原因是什么呢？

周武总结，名列前茅的学生因为得到父母、师长过分关注，过分强化学科成绩，反而压抑了潜能和学习自主性。他们把全部时间都用在了对书本知识的学习上，所以虽然成绩优秀，但平时很少接触书本以外的知识。而"第十名"的学生，功课学得也不错，同时又留有空闲时间了解课堂上不能学到的知识，因此，他们的知识面更丰富，知识结构更完整。

考试得第一名的孩子，综合能力并不一定是最强的。日本的松下公司就有一种很特别的择才标准，即"寻求70分人才"。公司创始人松下幸之助认为，人才的雇佣以适用公司的程度为好。程度过高，不见得一定有用，招募过高水平的人是不适宜的。这种选才用才方法，与第十名现象如出一辙。

考试名次既然价值不大，究竟什么才能产生价值？耶鲁大学心理系教授罗伯·史登堡（Robert J. Sternberg）是美国学习智能方面的研究者，他提出了"智慧三元论"——成功智商包括分析能力（analytical intelligence）、实务能力（practical intelligence）和创造能力（creative intelligence）。只重视智力的"成绩评量方式"只测量了学生的分析能力，却没有测量到实务能力及创造能力，是有偏差的。学业能力只代表"今天"的成功，无法保证未来的成就。

数学家笛卡尔说过："拥有灵活的大脑是不够的，最重要的是，正确地运用大脑。"孩子的能力是多方面的，如人际沟通能力、领导管理能力、创造力、协调力等。这些能力都是在考试成绩中无法体现出来的，可对一个人的事业成功来说却是非常重要的。因此，家长不要过分看重孩子的考试成绩，而忽视了对孩子其它能力的培养。

最后，引用台湾作家林清玄的一段话，送给那些渴望孩子每次考第一的家长吧——

如果你的孩子是第一名，那就让他别那么努力，轻松点进七到十七名里，那才能成功嘛。如果你的孩子是后几名，那就让他努力进到前 17 名里面。

22

测试效应：
"题海战术"到底有没有效果？

我们不能因为这种变了味的考试，就抹杀了考试本身的意义。

现在的很多孩子感觉上学压力大，很大一部分是来自于考试。不要说期中、期末，就是平时的测试，孩子总也得复习应对，考完以后又要改正。

笔者曾经听来几句顺口溜，来形容考试对孩子的"摧残"：考试就像得了病一样，考前是忧郁症，考时是健忘症，考后病情开始好转，拿回卷子时，心脏病就发作了。所以，很多家长呼吁学校减少一点考试，不要搞题海战术，也在情理之中。

但是在这个现象的背后，我们要思考的问题是：考试对孩子学习的作用有多大？或者说，对孩子有没有好处？

这个问题的答案，关键在于老师和孩子如何看待和应对考试。

按道理来说，阶段性的考试，只是为了看看孩子前面的知识到底掌握没掌握，遗漏在哪里，用来指导后一段的学习。所以，考试只是检验孩子对知识掌握程度的一种手段。

但是现在，很多学校却把考试变成了督促学生学习的杀手锏，假如考不好，会给予惩罚，考得好，会给予奖励。这给学生造成了很大的精神压力，让他们整天心事重重，严重影响情绪。正所谓"考考考，老师的法宝、学生的苦恼"。

这样的考试，其实已经失去了本来的意义。不过，我们不能因为这种变了味的考试，就抹杀了考试本身的意义。

根据研究，考试和小测验其实是学习的有效工具。詹姆斯在其《心理学原理》一书中就讨论了测试的作用——

我们的记忆有一个奇怪的特性，即积极的重复比消极的重复能让我们更好地记忆。我的意思是，当我们几乎学会了某一内容时，与其再看一遍这些内容，不如停下来试着回忆一下。如果我们能通过后一种方式回忆出一些内容，那么在下一次我们应该也能回忆出来；而如果是以前一种方式，我们很可能需要再学一次……

考试不仅测试了孩子知识的掌握程度，还改变了它们，往记得更牢的方向上改变。因为它促使孩子从遗忘的沼泽中重新拉出一段信息进行再记忆，并且从本质上改变了信息的存储方式，使将来的回忆变得更容易。在心理学上，把测试对孩子知识记忆的促进现象，称为"**测试效应**"。

美国华盛顿大学的亨利·罗迪格（Roediger）博士和杰弗里·卡匹克（Jeffrey Karpicke）曾经进行过一个实验，要求一群大学生在短时间内通读一篇科普文章，并在之后做一份阅读理解。

当学生在两个学习段中连读两遍文章，他们能在随后进行的测试中获得高分，但会渐渐开始遗忘。但是，如果他们在第二个学习段中做一下模拟测试，他们不仅能在两天后的考试中获得高分，并且能在一周后还保有清晰记忆。

罗迪格说："一想起'考试'总会令人不快，眼前就会浮现出千篇一律的考试场景，但我们可以为它改个称呼，这是我们'最有力的学习武器'。"

当然，孩子讨厌考试的一大原因，是因为它总是很难做。但是恰恰因为它的难，才使其对学习有巨大帮助。考试越难，孩子答题的时候越是绞尽脑汁，越能让孩子对考试内容难以忘怀。

可见，让考试回归考试的本来意义，而不是成为老师评价学生优劣的准绳和施加压力的工具，它还是很有价值的。我们可以让孩子慢慢理解，并且尝试做一些自我测试来巩固学到的东西。

23

克拉克现象：
孩子总是临场发挥失常怎么办？

学生考试和任何竞赛类活动一样，光想赢的未必赢，不怕输的反而不输。

在学校里，我们经常会看到一些"命运不济"的孩子，他们平时学习很好，课堂表现也不错，但是一到考试却往往发挥失常。因为学习不错，他们本来认为可以考得很好，对成绩有较高的期望，一旦考砸了，心里就会不平衡。有个孩子把一首《考试诗》拿给我，描述考试中受到的打击——

拿到试卷透心凉，一紧张，词汇忘。似曾相识，解释却不详。语法阅读两茫茫，看作文，泪千行。两小时后出考场，见同窗，共悲伤。如此成绩，无脸见爹娘。待到成绩发榜日，楼顶上，泪千行！

这样的打击，会让他们变得比较敏感，容易失去平衡。在下次考试时，就会更加紧张，形成恶性的循环。

克拉克是澳大利亚长跑名将，在 1963 年至 1968 年曾 17 次打破世界纪录，是田径场上的奇才。然而，正处于运动巅峰期而且众望所归的他，却在两届奥运会的赛场上发挥失常，与金牌失之交臂。

后来，那些平时训练水平高、成绩好的运动员在大赛中的失常现象，就被人们称为"**克拉克现象**"。其实不仅是在运动场上，举凡是考试和竞赛的地方，都会出现临场发挥失常的现象。这到底是为什么呢？

1980 年，心理学家叶克斯和道森通过实验发现，人做事的效率，和焦虑水平之间有一定的函数关系，表现为一种

倒"U"形曲线。

　　简单地说，就是随着紧张程度增加，人的积极性、主动性和意志力也会随之增强，当焦虑水平为中等时发挥得最好，这时人的紧张和焦虑对能力发挥有促进作用；不过，当人紧张过了头，焦虑水平超过限度时，又会对能力发挥产生阻碍作用。

　　这就揭示了紧张焦虑程度对能力发挥的影响：轻度紧张、适度焦虑，相当于神经内分泌功能的总动员，会调动自己生理、心理的各种积极因素，以应付紧急情况，有助于临场竞技水平的发挥。但是，如果过分紧张、焦虑过度，使测试焦虑达到第三级水平时，会出现上述精神疲劳和心理疲劳现象，严重地影响能力的发挥。

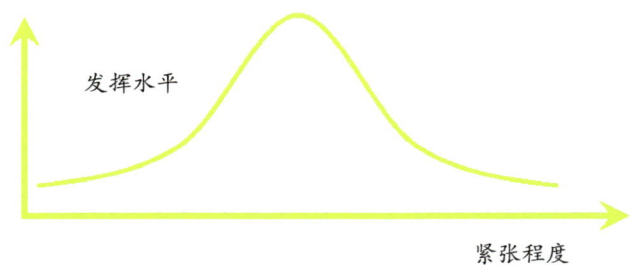

　　焦虑水平的高低，与任务的难易程度有直接的关系。打个比方来说，压力过大就像一个铅球一样，压力不够就像一片树叶一样，而适度的压力就像一块石子。铅球太重，树叶太轻，人都没办法扔得很远，而只有轻重适中的石子可以抛得最远。

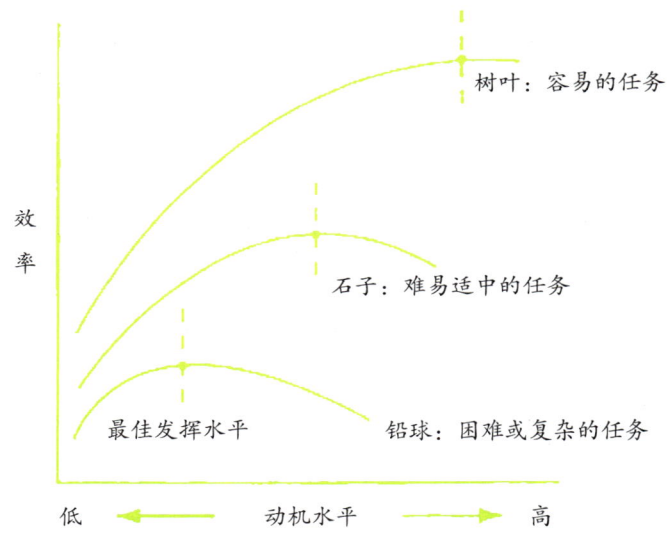

学生考试和任何竞赛类活动一样，光想赢的未必赢，不怕输的反而不输。要帮助孩子，父母先要解除对分数的焦虑。对孩子在考试时取得的成绩，要根据自己的实际能力和目标的相对难度，确定期望值，也不要和别的同学比。如果确定了一个过高的目标，无形中也就增加了任务的难度，焦虑水平就可能会过高。

只用考试成绩作为评价孩子的尺度，父母就都变成了盲人。只有用多把尺子衡量，才能真正发现孩子的优点和长处，从而更宽容地看待孩子的考试。英国教育家斯宾塞曾经说：

身为父母，千万不能太看重孩子的考试分数，而应该注重孩子思维能力、学习方法的培养，尽量留住孩子最宝贵的兴趣与好奇心。绝对不能用考试分数去判断一个孩子的优劣，更不能让孩子有以此为荣辱的意识。

家长的分数焦虑解除之后，接下来的问题是，怎样帮助孩子减轻过度的焦虑和紧张呢？

一个传统的方法是适度的运动。研究表明，紧张情绪会使肌肉紧张，并产生大量的热能，而原地走动、小跑、踢腿等运动，可以使肌肉松弛下来，释放紧张情绪产生的热量，从而缓解紧张情绪。让孩子考前做一些不太剧烈的运动，可以缓解焦虑。

还有一个方法是自然科学杂志报道的最新研究成果，那就是在考试前用笔写出自己的担忧，反而可以降低焦虑的程度。

研究者找到 20 名学生进行实验，让他们参加两次数学考试。第一次，所有学生像平常一样参加考试。但在第二次考试前，告诉学生们，如果得高分就能赢得奖金，他们的一位朋友已经通过了考试，考试的过程被全程录像，他们的老师和朋友都能够看到。

然后，让一半学生利用 10 分钟时间写出自己对考试的担忧情绪，而剩下的一半则静静地等待考试。

结果发现：静待考试的学生成绩比第一次下降了12%，而考前写下自己担忧的学生，成绩比第一次提高了5%。不过要注意，一般的写作对改善焦虑没影响，只有关于考试的写作才能降低焦虑程度。

24

动机拥挤效应：
发奖金对孩子学习有帮助吗？

虽然钓鱼奖励可以让孩子更努力地念书，但是也有不良
副作用。

在今天的商业社会里，人们对金钱能带来的好处了解得相当清楚。毫无疑问，不论孩子还是大人，任何年龄的人都会为钱而努力工作。不过，这一点对孩子的学习帮助有多大，却要打个问号了。

孩子考试得了好成绩，带他去肯德基吃一顿，再奖励100元。于是，孩子会保证以后认真学习，考得更好。之后，每次期末考试拿到好成绩，一定会伸手要奖励。但是随着年龄增长，他的要求一定会越来越高，这时家长就犯难了：答应吧，成本太高；不答应吧，又怕打击了孩子学习的积极性。

这些家长很困惑，对于孩子的好成绩，要不要发"奖金"呢？

其实，从几十年前开始，心理学家就着手研究这个问题了。他们研究认为，虽然钓鱼奖励可以让孩子更努力地念书，但是也有不良副作用。

有一个有趣的心理实验，研究者发给孩子们彩色的软头笔来画画，那是一项孩子们最喜欢的活动。

孩子们被分为A、B两组。A组孩子得到许诺：画得好，就给奖金，B组孩子则只被告之"想看看你们的画"。两个组的孩子都高兴地画了自己喜爱的画。A组孩子得到了奖金，B组孩子只得到了几句赞语。

三星期后，心理学家发现，A组孩子大多不主动去绘画，他们绘画的兴趣也明显降低，而B组孩子则仍和以前一样愉快地绘画。而且，一旦停止给钱，A组孩子立马失去画画的热情，而对照组的未付钱的孩子，则继续乐此不疲到处涂鸦。

这个实验，曾在不同国家、不同兴趣组里进行过，实验结果得到了反复验证。

这个实验告诉我们：奖金固然可以强化某种良性行为，但它也存在巨大风险：外部奖励侵蚀孩子对学习的内在兴趣，使孩子只对奖金感兴趣，而对行为本身失去兴趣。在心理学上，这叫作**"动机拥挤效应"**（motivation crowing），也就是说获得外部奖励的动机与内在动机发生了冲突，前者削弱了后者。

在这种情况下，一旦外部奖励系统停止，小孩的学习兴趣就减退，成绩就下降。毕竟，如果有机会挣钱，孩子为什么要免费做呢？

有这么一个笑话，说某孩子要参加一科的考试，于是父亲给了孩子100块钱，希望用这个方法激励孩子。他告诉孩子说："分数是有价值的，1分就等于1块钱，我相信你不会让我失望。"

考试结束，孩子从学校带回了试卷交给父亲，里面有找还给父亲的64块钱。

这是个笑话，不过美国的一些公立学校确实在试验"现金换成绩"。在纽约市的"星火计划"里，一个成绩好的四年级的学生可挣250美元，七年级学生挣的还能翻一番。芝加哥的"纸项目计划"，允许念书好的九年级和十年级学生赚取最高达 2000 美元（平均 800 美元）的奖金。

这些项目是由哈佛大学的经济学教授罗兰德·弗莱尔设计的。结果仍未公布。尽管如此，我们对研究的结果猜出个八九不离十。

首先，如果念书的兴趣非常低，金钱可以改善学习动机。

第二，对于数学这样通常来讲学生最恨的科目，学习成绩应该能改善。

第三，对于学生喜爱的科目，金钱激励自然会收效甚微。

第四，一旦物质刺激结束，各科成绩将会一落千丈。

最后，参与物质刺激计划的学生，将长久地失去为自己学习的兴趣。

虽然现在是一个知识经济的时代，但我们还是不要这么早把知识和金钱挂钩吧？否则，它不仅会变成一项负担，更可能毁掉孩子学习的兴趣。与物质奖励相比，赞美孩子看上去不会那么立竿见影，但是长期来看却是一个惠而不费的方法。

如果非要进行物质奖励的话，也尽量不要用现金的方式。钱要花在刀刃上，而不是刀背上，你可以给孩子主导权，让他选择一件自己喜欢做的事情，比如一起看场电影、旅游等，或者在不经意处给他一个 surprise 吧！

25

间隔学习法：
用追女孩的方法来备考

不要害怕遗忘，因为遗忘是学习的朋友。

现在的孩子很聪明，凡事都喜欢找快捷方式。比如平时上课懒散，在考试前突击十天八天就能取得"事半功倍"的成绩，甚至会比平时用功的学生考得还好。

究其原因，是他们把考试成绩当成了学习的终极目标，而不是当作检查和提高知识技能的手段。我听说，有学生编了两副对联来形容突击学习的好处——

看一题考一题，缘分啊；

蒙一题对一题，运气啊；

横批：多做无益。

过一天看一本，效率啊；

考一门过一门，实力啊；

横批：突击成才。

从直觉上来看，考前突击似乎是一个事半功倍的好方法。但是直觉会欺骗我们，考试之前的突击学习其实不是一个好主意。

不可否认，纯填鸭式的突击也能在考试中获得高分。但仓促间填满的大脑，就像急急被塞满的手提箱，许多学生突击学习后发现最后记的东西只可以在大脑里停留一会儿，但绝大部分都将无影无踪。

在创造心理学中，把长期固定于某一活动，而逐渐丧失对活动内容的敏感性的现象，称之为"疲钝效应"。许多学生考试之后不是回忆不起之前学习的内容，就像是从来没见过那些东西一样。这就是疲钝效应在起作用。

事实上，还有一个比突击学习更有效的方法，它不仅能提高成绩，而且能让学生在同样的时间内掌握更多的知识。这种方法就是"间隔学习法"。

所谓**间隔学习法**，就是把学习时间间隔开来安排。如果打算通过多次学习来掌握一个内容，那么，尽可能把一次学习和下一次复习之间的时间间隔拉得长一些。举例来说，你今天学了某一章节，那么就不要在同一天复习它，而要让两次学习的时间尽可能间隔得长一些。

不相信吗？我们可以打个比方。给你 6 个小时，让你去俘获一个昨天刚刚认识的女孩的心，有可能吗？

你也许会笑："这怎么可能？时间也太短了，两个人连相互熟悉的时间都不够。除非一见钟情！"

其实，即使排除一见钟情的情况，你也有办法成功。关键在于你如何利用这 6 个小时。如果你抽出一天专门用来谈恋爱，赖在她那儿不走，突击 6 个小时，会怎么样呢？就算你嘴巴再厉害，魅力再大，对方恐怕也没办法接受你，甚至觉得你是神经病。

可是如果你把这 6 小时，分散在 6 个月里，每周去和女孩子接触几次，开始时可以时间很短，甚至只是打个招呼。等熟悉起来以后，每次聊天 5 分钟或者 10 分钟。时机成熟的时候，进行最后的真情告白，大约是半个钟。假如你的魅力不是很差，成功的机会难道不是更大吗？

把这样的方法运用到学习上，就是"间隔学习法"。

有研究者发现，学生在学习词汇时，如果使用一大迭词汇抽认卡，效果会比使用一小迭更加有效。这与很多老师所建议的恰恰相反，但是却更有效。因为卡片数越多，学生用来复习的时间越长，越有更多的间隔学习时间。

当我们的脑袋像手提箱一样，被仔细而又循序渐进地装载时，它能记住所装的内容很长一段时间。今晚学一个小时，周末学一个小时，下周再这么重复一次：我们把这个称为间隔学习，在不要求学生付出更多努力的情况下，能在日后更容易地回忆起今天所学。

没人能明确指出这背后的原因。有可能是在复习时，大脑会在加深理解前，先重学一遍之前已吸收的知识，这也是自我加深印象的过程。美国心理学家纳特·科内尔（Nate Kornell）指出：

也就是说遗忘是学习之友，当你忘记一些东西时，我们就有机会能再学一下，下次你再见到曾遗忘的知识，你还会卓有效率地加深印象。

间隔学习法是一种非常有效的学习方法。它使学生有时间来遗忘知识。不要害怕遗忘，因为遗忘是学习的朋友。但是从感觉上，遗忘会使学生觉得好像没有学习，这使得人们感到学习没有成效。不过这种直觉是错误的。

在认知心理学中，当学习的材料发生了显著遗忘后再进行复习，学习者因为发现了遗忘的内容，就能激起复习的动机，他不再把复习看成是多余的事，就在复习中加强了努力和注意。

在这样的复习中，学习者还能发现造成遗忘的原因，如新获得的知识模糊不清，未充分分化，不稳固等，于是就在复习时想方设法加强薄弱的部分。因此，把它称为遗忘的"免疫效应"。

在抽认卡片的实验中，一组参与者原来认为他们一天学习一小迭抽认卡片时，学到的词汇会更多。但是结果表明，他们大错特错了。间隔学习法能够有效弥补学生在学习时间上的不足，使他们在有限的时间内掌握最多的知识。

不要相信直觉，要相信证据。直觉上，"大跃进"式的突击的效果会好一些，但这种直觉也是错误的。

26

普雷马克原理：
怎样让孩子主动写作业？

很多孩子不愿意主动做作业，最大的原因是他有更喜欢的活动。

孩子上了学以后，写作业也就成了他和父母的共同任务。有些孩子不仅写之前得被提醒催促，做完作业都要大人检查一遍，稍一放手就不知道做什么了，成绩也急剧下跌。这样反复几次，父母就再也不敢放手了。

学习不主动是孩子的通病，也是多数父母和老师最头疼的事情。管吧，没多大效果，孩子只是拨一拨动一动，再说大人也确实没有那么多时间和精力；不管吧，孩子更不学，成绩急剧下降是意料之中的事情。

家长到底怎么做孩子才会主动做作业呢？——这也是个老生常谈的话题。

父母在试图改变孩子之前，应当先问问自己为什么要去改变孩子，正在用什么态度去教育孩子，以及是否有这个能力。

根据本古里昂大学学者艾迪特·卡茨（Dr. Idit Katz）博士和阿维·卡普兰（Dr. Avi Kaplan）所做的一项研究显示，父母如果想提升孩子完成学校作业的主动性，首先要改变他们自身的态度和行为。

这篇发表在《学习与个体差异》学术杂志上的文章指出，如果父母持着积极和支持的态度，告诉孩子们学习是因为知识本身的价值，而不是一味地关注作业或者分数，那么孩子的学习主动性就会有所提高。

家长可以通过让孩子们自主完成学习任务，并且让孩子们感觉到无论在任何课程上取得成功，都会受到关爱和尊重，这样可以增加孩子完成任务的信心和成就感。

明代"心学"大师王阳明所说"立志者，为学之心也；为学者，立志之事也"，讲的就是这个道理。如果意识不到知识本身的价值，就会"譬如一块死肉，打也不知痛痒，恐终不济事"。

孩子上了学以后，一般不再需要别人的唠叨，因为他对唠叨已经毫无感觉了。对父母来说，关键是要放手，让孩子自己处理学习的事情，自己对自己的学习负责。开始时，孩子的成绩可能会受到一些影响，但这是暂时的，为了孩子的未来，这样的代价是值得的。要想让孩子成才，早晚要付出这个代价。

美国数学家哈里·科勒（Harry Kohler）是个博学多才的人，他精通数学，通晓物理、天文，还是一位出色的教育家。他会借书给学生看，先让其自学，不懂可以问，解答时他也只是稍微提示一下。对于为什么这样做，他解释说：

教育学生就如同牧童放牛，我们不能像那些无知的牧童，只凭性子硬牵着牛的鼻子走路，我们要学习那些有经验的农民，他们牵牛时，只到拐弯的地方才抖动一下缰绳。……我从来不像有的人喂孩子一样，一灌一个饱，也不将食物嚼烂了喂给孩子吃，我只是引起他吃东西的兴趣，让他自己摸索着走，就像牵牛一样，到拐弯处才给它指引一下。

培养孩子的主动性，比每次写出正确答案更重要。要让孩子懂得自己对自己负责，为自己的懒惰行为付出代价，更要让他在主动进取中获得成功的快乐，否则孩子永远长不大。

　　很多孩子不愿意主动做作业，最大的原因是他有更喜欢的活动。往往是人在书桌前，心早就飞到院子里或者电视节目上，这种心理状态下，他自然会消极怠工。德国明斯特大学的心理学家恩贝尔丁说："当你遇见感觉不好的事情，当然你会想办法拖延。打个比方说，为什么小孩要做作业呢？那些事情不是与生俱来的。和做作业相比较，很多其它事要他去做呢。"

　　针对这种情况，可以采取心理学的"普雷马克原理"，制定提高孩子做作业主动性的策略。

　　普雷马克原理，是行为主义学派的一个术语，是由心理学家普雷马克（D. Premack）于 1965 年提出的，是指利用个体的高频行为（喜欢的行为）有效强化低频行为（不喜欢的行为）的学习原则。

　　普雷马克做了一个实验，他让孩子们从两种活动中选择一种：其一是玩弹球游戏机；其二是吃糖果。当然一些孩子选择了前者，一些孩子选择了后者。

　　不过有趣的是，对于更喜欢糖果的孩子，若将吃糖果作为强化物，便可以增加其玩弹球游戏机的频率；相反，对于更喜欢玩弹球游戏机的孩子，若以玩弹球游戏机作为强化物，便可提高其吃糖果的量。

由此可见，比较喜欢的活动可以用来强化不太喜欢的活动。由于祖母对付孙子常用这种方法，比如，"吃了这些蔬菜就让你吃肉"，所以又被称为"祖母原则"。

利用这个原则，实际上就是给孩子制造"目标倾斜"：在学习的前方安排快乐的报酬，在接近目标之前的时刻，学习效率曲线会显著地上升。运用这个原理，可以把孩子的作业时间，定在他出去玩或者看动画片前："做完作业后，让你看一个小时的电视"。这样，即使作业量多，他也会主动去高质量地完成。

儿子边写作业边看电视，母亲批评道："你知道做错了吗？"

儿子十分诚恳地点了点头："知道了，下回我要先看电视，再做作业。一心不能二用。"

母亲说："不，我看要反过来更好。"

这虽然是个笑话，却也充分利用了普雷马克原理。

如果时间安排上有问题，也可以让孩子先玩或者看电视，然后再做作业。这时，他不会再为其它活动吸引，做作业的主动性也就提高了。在美国流行的"好好玩耍，好好学习"的模式，就是让孩子自主拟订游戏与读书计划。据报道，孩子拟订的计划，几乎都是先玩再做作业。

另外，在做作业的过程中，也应先把不喜欢、学得不好的那个科目的作业最先来做，这样既促进了这个低频活动的发生，避免拖拉的行为和恐惧心理，实现"弱科补短"，又能促进优势科目的发展。

除了利用孩子本身喜欢的活动，父母还可以尝试在孩子做作业的前面主动加入一些孩子喜欢的东西，比如可以准备一些美味的食品，使孩子有所期待。

27

橡皮综合征：
不唠叨也能对付"马虎大王"

面对马虎这个问题，仅仅靠提醒孩子"多注意、仔细一些"，
是无济于事的。

有一位朋友向我抱怨说，他的女儿上课认真听讲，回到家也会主动写作业，但却是一个马虎大王，做功课很容易出错。每次写完后检查出了错，只好擦掉重写，有时错得太多或者太不工整，甚至把本子擦破了，所以写作业花的时间也比较长，而且考试成绩也忽高忽低。

这位朋友为此很苦恼，不知对她的这种马虎劲有什么对症下药的办法。

做功课马虎，可以说是孩子的一个通病。原因可能有以下几个方面：性格不拘小节办事粗心、知识掌握不扎实、对学到的知识练习不够等等。

面对马虎的这个问题，仅仅靠提醒孩子"多注意、仔细一些"，是无济于事的。靠惩罚来让孩子杜绝"马虎"，更有可能适得其反，造成其它的问题。

孩子马虎犯了错，有错改错就好了，不必太计较。

对于低年级的孩子来说，知识结构尚未形成，思维定势也不明显，作业出错的偶然性和随意性很大。简单的一道 3×4 得几，成人可能张口就来，但是孩子却可能出错，因为他还没形成对这个知识的自动反应。父母看到很容易的题目都做错了，就简单归结为粗心和不用功，甚至小题大做批评一通。

这样做，主观上想引起孩子注意，克服粗心大意，但却会好心办坏事。因为孩子是从父母的"眼睛"来评价自己的，如果过于渲染马虎的严重性，客观上不仅不能解决问题，还会强化孩子内疚和恐惧，甚至形成自我否定的心态。

有些孩子做作业时勇往直前，义无反顾，根本没有检查的概念，因此从来不会主动发现错误。他把检查工作都留给家长和老师，一旦查出错误他才改。对这样的孩子，可以要求他放慢写作业的速度，要求他必须自己检查，而且不是做完通盘检查，而是做一道检查一道，确信没错再做下一道。

父母要允许孩子的作业出现错误，即使发现孩子的作业有问题，也不要马上替他更正。如果孩子交上去的作业每次都是对的，老师很可能认为，你的孩子已经掌握了这一部分，可以继续向前学习新的东西；而如果整个班都在往前学，而你的孩子以前的东西还没弄懂，那么错误只能是改不胜改。

相反，如果让他把带错的作业交上去，也正好实施一次"自然惩罚法"，让他记住教训。

在日常生活中，要帮助孩子克服"**橡皮综合征**"——写作业喜欢使用橡皮改错，不停地擦来擦去的习惯。

日本著名教育学家系川英夫，曾将 300 名学生分成两组。一组可以使用橡皮涂改作业中的错误，另一组只许在错误处用红笔打个"×"。结果人们惊奇地发现，使用橡皮的那组学生，在作业相同的情况下，其差错出现的几率比后一组高出 30%。

系川英夫认为，在学习过程中，学生很容易为新异、醒目的刺激所吸引。用红笔给错误打上"×"，把犯错误的教训保留下来，对帮助学生汲取教训是十分有益的。如果再让学生在错误旁边写上正确的内容，使其进行正和误的鲜明对比，则又能进一步帮助学生用正确知识去改正错误。

这种"不用橡皮法"对强化记忆和理解作用显著，而并非提倡"马虎"，有时使用橡皮也是必要的。提出"不用橡皮学习法"，是为了帮助学生主动战胜错误。

内地有一位著名教育工作者叫詹文玲，在山西通宝学校当校长时，就曾对全校学生有个要求，就是学生一律不准用橡皮，孩子刚开始不适应，经常把本子弄个大花脸，后来慢慢习惯了。

因为不能用橡皮，结果就逼着孩子们一下笔写作业就必须认真工整，写作业非常专心。错误率大大下降，孩子反而养成了认真的习惯，对自己也有了足够的信心。

要鼓励孩子在家做作业时尽量少用橡皮甚至不用橡皮，如果作业本保持清洁、在一定时间内迅速准确地写好，就有一定奖励。经过一段时间的强化训练，孩子不再依恋橡皮，马虎的习惯会逐渐得到纠正。

28

遗忘曲线：
在刚要开始忘记的时候去复习

艾宾浩斯遗忘曲线告诉我们，遗忘的规律是先快后慢，所以不能认为隔几个小时复习与隔几天复习是一回事。

无论是学校教育也好，家庭教育也好，孩子学到了知识，只是学习的开始。如果孩子在学习后，从来不去复习学过的内容，无论花了多少时间，也无论老师的水平有多高，学了也等于没学。

记忆是大脑皮层形成暂时神经联系的过程，建立起来的神经通路如果不畅通，则原来大脑中保留的痕迹就会逐渐消失，而复习就是对大脑中的痕迹进行再刺激，及时复习就是在第一次痕迹未完全消失时，紧接着进行第二次、第三次重复刺激。重复刺激次数越多，痕迹越深；重复越及时，费时越少，费力越小，记忆效果越好。

孩子要复习，首先要学会安排复习的顺序和时间。而要合理安排，就需要对记忆和遗忘规律有所了解。在这些规律当中，最重要也是应用最广泛的，当数艾宾浩斯遗忘曲线。

德国心理学家艾宾浩斯研究发现，遗忘在学习之后立即开始，而且遗忘的进程并不是均衡的。根据他的实验结果绘成的描述遗忘进程的曲线，就是"**艾宾浩斯遗忘曲线**"。

遗忘规律表

时间间隔	保持的百分比	遗忘的百分比
20 分钟	58%	42%
1 小时	44%	56%
8 小时	36%	64%

时间间隔	保持的百分比	遗忘的百分比
1 天	34%	66%
2 天	28%	72%
6 天	25%	75%
31 天	21%	79%

　　从上面的表格我们可以发现：遗忘速度受时间间隔影响；遗忘的速度是先快后慢。

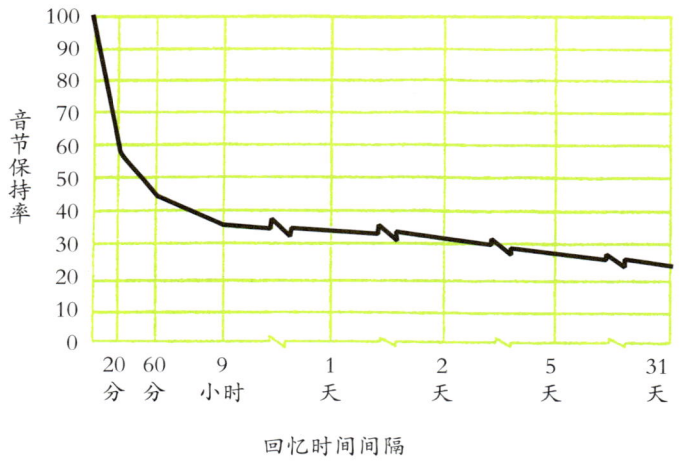

　　有人做过一个实验，两组学生学习一篇课文，甲组在学习后不久进行一次复习，乙组不予复习。一天后甲组对课文记忆保持 98%，乙组保持 56%；　一周后甲组保持 83%，乙

组保持 33%。乙组的遗忘平均值比甲组高。

这个实验告诉我们，在学习中的遗忘是有规律的，遗忘的进程不是均衡的，而是在记忆的最初阶段遗忘的速度最快，后来就逐渐减慢，到了相当长的时间后，几乎就不再遗忘了，这就是遗忘的发展规律，即"先快后慢"的原则。

艾宾浩斯遗忘曲线告诉我们，遗忘的规律是先快后慢。中间隔的时间越长，你忘的就越多，特别是识记后 48 小时左右，如果不经再记忆，遗忘率则高达 72%，所以不能认为隔几小时与隔几天复习是一回事。

根据加州大学洛杉矶分校（UCLA）"学习和记忆实验室"杰出的心理学教授罗伯特·比约克（Robert Bjork）的最新研究，又有了一个有趣的发现：如果学了之后，隔一段时间再学，这时候隔的时间越长，复习的时候你学到的东西就越多。把记忆和遗忘都当成朋友，充分处理好两者的关系，就能取得更好的学习效果。

比约克表示："当我们从记忆中提取信息的时候，我们做的不只是说它在那里就行了。记忆不仅仅是回放。我们这次取出来的东西，下次要再取的话，取起来就会变得更容易。我们每次取的过程越难、涉及的东西越多，整个记忆就越有效。"

所以，从学完到开始复习的最佳时间，应该是你刚刚好要开始忘记的时候。这样，越是拼命地回忆之前学过的东西，复习的效果就会越好。如果学完之后马上复习，就没有这个效果了。

　　根据这个研究，比约克建议说，笔记最好下课之后才开始记，以强迫自己回忆课上讲过的东西；而不是在课堂上记，黑板上有啥抄啥。必须下苦功才行。花的工夫越多，学到的就越多。

　　怎么样，是不是颠覆了我们以前的一些认识呢？想尝试一下效果吗？ OK，扣上书，在纸上凭回忆写下本节的主要内容吧！

29

感官协同效应：
怎样帮助孩子提高学习效率？

在学习时尽量多使用几种感官——用眼、用口又用手，
这对学习是很有效的。

宋代的大学者朱熹，曾经说过："读书有三到，谓心到、眼到、口到。心不在此，则眼看不仔细，心眼既不专一，却只漫浪诵读，决不能记，记亦不能久也。"

这个方法被后人总结为"三到"读书法，现代心理学研究表明，这种方法实质上是利用了"感官协同效应"，也就是在学习时尽量多使用几种感官——用眼、用口又用手，这对学习是很有效的。

"感官协同效应"是指人们在收集信息的时候，参与的感官越多，所得到的信息就越丰富，所掌握的知识也就越扎实。也就是说，多种感觉器官一齐上阵，能够提高感知的效果。

美国心理学家格斯塔做过一个实验。他把智商相近的10个学生分为两组，让他们学习《圣经》的一些段落。不过，第一组所在的屋里只有5张椅子和5本《圣经》；第二组除5本《圣经》外，还有几本宗教故事画集，并播放宗教音乐。

然后，格斯塔要求两组被试者都背诵《圣经》，结果发现第二组成绩优于第一组。

研究发现，人的器官在获取知识时的识记比重是：视觉占83%，听觉占11%，嗅觉占3.5%，触觉占1.5%，味觉占1%。获取知识后的遗忘率是：只听不看的三小时后为30%，三天后为90%；只看不听的，三小时后为28%，三天后为80%；边听边看的，三小时后为15%，三天后为35%。

由此，我们可以推算出有关器官对记忆的作用，随着时间的推移，口念的记忆在10%，耳听的记忆在20%，眼看的记忆在 30%，耳眼结合的记忆是 50%，耳眼口结合的记忆是 70%，如果眼耳口手同时使用的记忆可达 90%。

华盛顿大学的心理学教授维吉尼亚·贝尔宁格解释，手写不同于打字，因为人们必须一笔一画地写出字母，而不是简单地按着键盘，敲出整个字母。手写时，手指运动刺激了大脑的大部分领域，包括控制思考、记忆和语言这几个区域。手写帮助孩子学习单词及记住其的形状，有利于他们思维的形成，并且有可能会发展他们小肌肉运动技能 。

贝尔宁格的研究发现， 二年级、四年级以及六年级的孩子，与打字相比，他们手写能记忆的单词量更大，学习速度更快，并能表达更复杂的思想。

由此可见，在学习过程中，各种有关器官协同作用，全力以赴去识记知识，就可能获得大量和稳固的知识信息。如学习外语单词和陌生的汉字，听说读写全面练习，看字形，听字音，动手写，动口念，还要动脑筋，即便时间长了，某一联系中断，还可以通过其它联系将遗忘的知识寻找回来，可谓是事半功倍。

这其实就是感官协同效应的作用。耳到、眼到、口到、手到、心到，多种感觉器官并用，多个身体部位参与，自然就加强了大脑不同部位参与学习的主动性，大脑处理信息的能力也会有所加强。

在上面所描述的实验中，第二组学生使用了两种感官——视觉和听觉。眼睛看着，耳里听着，就比单纯用眼睛看学得更快。当今的视听教学，也是利用感官协同原理，把声音与画面、生动形象与情绪感染相结合，从而使孩子获得更好的学习效果。

总之，父母要让孩子明白，学习时只有耳朵、眼睛、嘴巴、手、心配合起来，充分利用感官协同效应，才能产生事半功倍的学习效果。

30

高原现象：
孩子成绩时好时坏是因为不用功吗？

克服"高原现象"，最核心的策略是要改进学习方法。

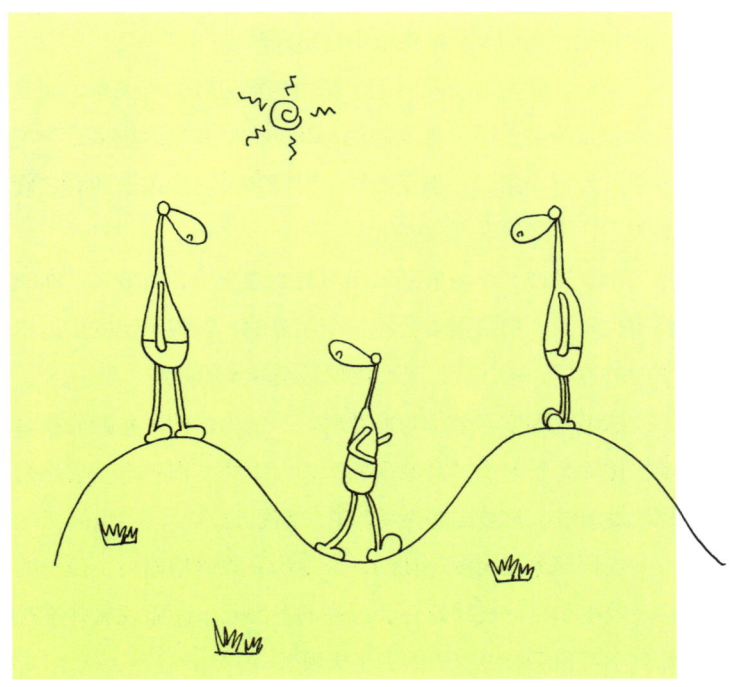

很多孩子在学习过程中常会有这样一个阶段，即努力学习到一定程度后，成绩停滞不前甚至倒退。这时，孩子往往不知所措，父母则烦心焦急、责怪有加，总怪孩子没用功。

孩子的成绩好坏，是受哪些因素影响的呢？当然每个孩子都会有天分上的差异，但是纵向地来看，这可能并不是孩子不努力，而是遇到了"高原现象"。

"高原现象" 是一个比喻，实际上，它是指教育心理学中的动作技能学习曲线的呈现形态。如果以时间为 X 轴，学习效果为 Y 轴，将学习者学习时所花的时间和取得的效果连成一条线，我们能从该线条中看出来两点：

第一，学习者所花时间、精力与学习效果有关系，而且基本呈正相关关系，也就是说，花的时间和精力越多，学习效果就越好；第二，很多时候，时间和学习效果这两者之间的关系，不会呈现规律变化。

也就是说，学习者开始学习时，进步快，收效大，曲线斜率也较大，但紧接着会有一个明显的、长短不定的接近水平的波浪线，再往后，又会出现斜率较大的曲线。

这条呈现学习效率与所花时间、精力之间关系的曲线，常被比喻为学习的"高原现象"，而中间呈相对水平状态的那段波浪线，常被比喻为学习的"高原时期"。

高原现象是客观存在的，但走出高原时期以后，孩子的学习效率和学习成绩是还会提高的，因此，高原现象并不意味着学习到了极限、成绩到了极限。

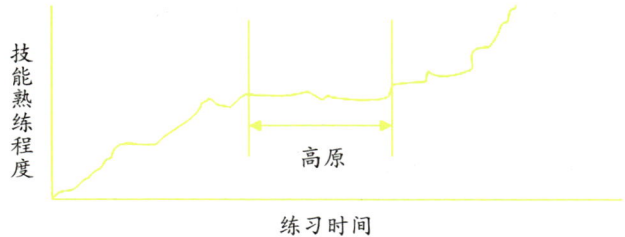

技能熟练程度

高原

练习时间

　　孩子在学习一个新领域的知识时，常常会经历四个阶段：1.开始：学习了解新知识，因为一点儿也不懂，所以学习比较费力，进步慢，效率不高；2.进步：初步掌握了学习规律和方法后，学习的兴趣逐渐浓厚，学习成绩也明显提高，信心开始足起来；3.高原：学习进一步深入，遇到了学习难点，进步开始缓慢，即使费了较大工夫，成绩提高仍不明显，甚至停滞不前或倒退；4.再进步：孩子坚持学习，不断努力，克服障碍，掌握新的学习规律和方法，成绩又会逐渐提高。这是归纳出来的四个阶段，也是一个螺旋上升的过程。

　　也就是说，孩子在学习某一学科或其它领域的知识时，开始能看出较明显的效果，后来会出现继续努力却收效不大的情况。学习成绩原地踏步，或者进步缓慢，甚至会出现一会儿退步、一会儿进步的情况。这是正常现象，在学习每一种新知识时都会发生，在各个年龄段的孩子身上都会出现。

　　这种现象和学习者的年龄、学习内容、心理质量等诸多因素都有关系，而且会循环出现。有时持续时间短，有时持续时间长。小学好些，初中次之，到了高中阶段，就比较明显。

克服"高原现象"，最核心的策略是要改进学习方法。

要反思在学习中哪些习惯、哪些方法是有效的，是可以继续保持的；哪些习惯是有害的，必须克服和改进。比如，有的孩子不太愿意复习所学内容而是将学过的知识抛诸脑后，遇到问题不是先独立思考而是急于问别人，对做过的练习不注意分析和总结，等等，这些做法都会影响学习。

其次要放松心情，平常心对待成绩的起起伏伏。如果因为精神紧张而休息不好，则精神无法集中，思维能力下降。长此以往，学习效率就会明显下降，"高原现象"就会持续较长的时间。

家长千万不要过分紧张，不要因为怕打扰孩子而处处小心翼翼，这样会让孩子更压抑、紧张，不利于孩子情绪放松。

第四部分

**按喇叭无法驾驶汽车，
怒吼也无法"驾驶"孩子**

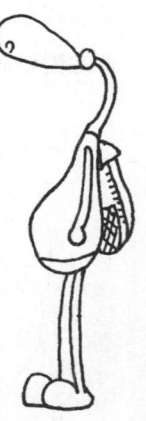

31

K.I.C.K. 原则：
孩子哭闹时为什么不要大声训斥？

之所以强调心平气和，是要让孩子知道，他不是因为大人的愤怒而受罚，而是因为违反了规则。

生活中，经常会见到这样的情景：父母带着孩子外出，一言不合，父母马上大声训斥，有些孩子逆反心理强，干脆就在大庭广众之下哭闹。

接下来，妈妈情绪激动起来，用尖锐的声音厉斥大声哭闹的孩子。结果是，她愈是歇斯底里，孩子就以更大的哭闹作为回报。最后，父亲只能强拉硬拽地把孩子带走……

这样的教育方式，我们不用细想就已经知道了。

其实，父母在与孩子沟通的过程中，低声的谈话方式比高声的谈话方式有更好的说服效果。

《圣经》上有这样一句话："沉稳的回答能够平抑疯狂的愤怒。"在西方，有一套被称作 **K.I.C.K.管教原则**，不妨在家庭教育中试一试，就是在管教孩子的时候，务必要心平气和（Kind）、立即（Immediate）、一致（Consistent），然后又是心平气和（Kind）。

之所以强调心平气和，是要让孩子知道，他不是因为大人的愤怒而受罚，而是因为违反了规则。惩罚一旦变成了大人情绪的发泄和威严的展示，就失去了它本来的意义。

另外，从教育效果上来看，在和孩子对话时，父母低声很容易使得孩子心情平静，而父母高声斥责，也容易导致孩子情绪波动，高声抗拒。中国有一句话说：不怕红脸关公，就怕抿嘴菩萨。说的就是这个道理。

美国某大学的语言研究班曾与美国海军合作，研究在军事行动中一项指令的下达应该以多大声音发出最合适。实验者通过电话、舰船上的传声管，向接收者发出各种分贝的声音，结果表明：发送者的声音越高，接收者回答的声音越高；发送者的声音越低，接收者回答的声音越低。

而美国耶鲁大学的一位心理学家曾经研究过"与谈话者讲述某一事项时的最佳谈话方式"，他的调查结果表明：沉稳型的讲课方式和雄辩型、演说型的讲课方式相比，前者能够让学生对讲义达到更大程度的理解。

在对孩子进行批评教育的时候，声音和语调一定要比平常说话声低。

首先，这种方式意味着父母能够突破孩子哭闹的感性围墙。可以先发制人，不让孩子使用高声调。生活中常看到有的家长高声责骂孩子，孩子反抗的声音也不低，双方情绪越来越激动，最后惹得家长一肚子气，孩子也不服输。而使用低于平时的语调，可以让孩子感觉，这是一种不同寻常的严肃态度。

其次，低音调促使孩子集中精神、全神贯注，可以转移他的注意力、忘记自己的哭闹。父母低声讲话时，孩子必须集中精神才能听清，即使他在主观上并没打算认真听，但由于条件反射的听觉动作，他还是会不自觉地捕捉父母谈话的内容。

第三，使用较低的声音似乎在强调没有第三者介入，只是亲子之间的"私人声音"，拉近了与孩子的距离。若大声训斥，会一下子让孩子处于尴尬处境，即使有的孩子想承认错误，想放弃不恰当的行为，也没台阶可下。所以家长越训斥，孩子越会坚持自己的要求。

如果面对孩子的行为实在怒不可遏，那么就应该马上离开问题现场，一边提醒自己一边调整呼吸。等冷静下来再慢慢考虑，应该如何与孩子沟通。

综上所述，"有理不在声高"，K.I.C.K. 原则是家庭教育中一种艺术化的方式。家长要想使孩子接受你的意见，就要学会克制情绪，把沟通的音调降低。

第四部分

32

欧弗斯托原则：
孩子太固执怎么办？

父母的提议会被孩子拒绝，常是因为双方想法没有交集。

很多家长都抱怨自己的孩子太固执，戒备心太强，用什么方法也说服不了他！其实，他们可以试一试**欧弗斯托原则**。

这个原则是英国心理学家欧弗斯托提出的，意思是指说服一个人的时候，开头就让他不反对，非常关键。

首先，要想让孩子开头就不会反对，要多听少说，了解孩子的真实想法。

不要急于发表看法。如果你的孩子喜欢和大人对着干，那么在说服他的时候，不妨先听孩子把他想说的话说完，然后再发表你自己的看法。在听的过程中，可以猜测一下孩子可能反对的动机。

如果你的猜测正确，孩子会觉得获得了你的认同和理解，他们会讲出自己心里的想法；如果你的猜测不正确，那么可以再运用开放式的提问方式，顺着对方思路找答案。可以提出 5W1H（即 What、Where、When、Who、Why、How）的开放式问题，让孩子说出自己的想法，再顺势提出封闭式问句的提议。

比如父亲问孩子："最近你是不是经常上网？"那么孩子的回答很可能是"是"或"不是"。如果父母问孩子："儿子，最近网上有什么新鲜事？"那么孩子很可能会滔滔不绝地讲起来。透过开放式问题扩展思考广度，再用封闭式问题引诱出赞同的决定："以后你有什么好的网站告诉我们，我们也告诉你好的网站，互通有无，好不好？"

其次，只要有可能，就多给孩子一些选择。以选择题代替是非题的做法，是非常高明的沟通方式。因为它会减少正面的言语冲突，并通过把决定权交给对方的方式，让孩子觉得受到尊重，因而会愿意做出配合的决定。

不要问"你要不要做作业"，应该问"你是想现在做还是过五分钟做"或"你是先做语文还是先做数学"。不要问对方想不想做、有没有时间或者做不做，问孩子想不想做，你会得到两个答案：想或不想；要给他一个机会选择。

著有《说服的技术》《超强提问力》等书的日本律师谷源诚表示，一般人通常会以"要不要……？"的问法提出要求，让对方只有两种选择，被直接回绝的概率当然很高。

因此，要说服对方，必须懂得利用各种问题探询对方意愿、引导对方思路，或许就能让对方无法说不。我们可以借用谷源诚强力推荐的四种"问题说服法"，透过提问引导孩子，让说服力大大提升！

父母的提议会被孩子拒绝，常是因为双方想法没有交集，只要透过一些引导问题，激发孩子自行想象的空间，就能找出可能存在的交集，达成一致的共识。

母亲："你最近在看什么课外书啊？"
儿子："漫画和推理小说……"
母亲："我给你买一本《西游记》，你要不要看？"
儿子："不想看！"

就把孩子当孩子

母亲和儿子的想法没有交集，当然会说服失败。

如果学会了引导式提问，就完全可以马到成功。

母亲："你还记周星驰演孙悟空的那个片子吗？"

儿子："你是说《大话西游》吧？很有意思啊。"

母亲："其实电影选的只是唐僧取经的一段，还有很多更有趣的经历，都在西游记里。"

儿子："好啊。你给我买一本吧！"

这就是通过诱导对方的思路，让孩子自行引发联想，创造双方想法的交集与兴趣，不经意间达成说服的目的。

当然，这个办法必须有适当的使用的时间，要讲究运用的策略。孩子正在看电视看到热闹处，你突然问他你打算什么时候写作业，自然会碰一鼻子灰，所以使用二选一的法则是要讲究时机和顺序的。

第四部分

161

33

热炉法则：
怎样给任性的孩子定规矩？

制定规则的目的，是希望培育出一个快乐、适应性强和尊重规则的孩子。

162

如果孩子在生活中违了规，就应像碰触到了烧红的火炉，一定会受到惩罚。

任性，可以说是现代孩子的通病，主要表现为固执、抗拒、不服从管教，老是和大人对着干，特别倔，而且软硬不吃，就像一匹脱缰的小野马。

但另一方面，任性也是孩子个性发展的一个过程。对任何事情都说"不"，是许多二三岁的孩子的自然表现，我们应该理解。同样，有时孩子的任性只是因为理解问题，并没有与大人作对的意图，这时候要运用最大限度的判断力，来决定哪种行为是任性固执的有意伤害，哪种行为是自然行为。

但是如果到了上学的年龄还任性，就是一件棘手的事情。**从心理学角度来看，学龄儿童任性，是个性偏执、意志薄弱和缺乏自我约束能力的表现，如果得不到纠正的话，会导致无法正确认识和判断事物，个性固执不明事理，难以适应环境，不被别人接受而陷入孤独，经不起生活的考验和挫折。**

但孩子的任性心理不是天生的，而是家长不加约束的放纵教育的结果。法国教育家卢梭在《爱弥儿》中指出："知道用什么办法能使你的孩子得到痛苦吗？这个方法就是：百依百顺。"这话很值得我们反思！

所以，纠正问题的第一步，就是承认我们的培养方法可能是使孩子任性的原因。只有改变它们，才能帮助孩子行为得体。

在一个故事中，儿子问父亲："我长到什么时候才可以随心所欲呀？"

父亲的回答很巧妙："我不知道。不过，孩子，世上还没有人能活那么长。"

没有人能够活到随心所欲的年龄，即使是圣人孔子到了七十岁，也要在"从心所欲"的后面加上"不逾矩"，也就是不违反规则。所以要建立适当的规则让他遵守。

有句俗话说："没有规矩，不成方圆。"规则能让孩子知道具体应该怎么做，是孩子未来行为模式的基础，所以要制定清楚的规则和惩罚细则，如果不守规矩必须接受惩罚。一旦规则严格确立，大多数孩子会遵守。

制定规则的目的，是希望培育出一个快乐、适应性强和尊重规则的孩子。最初的规则应该是阻止孩子伤害他自己和别人，教孩子明白最基本的对错。

让孩子知道你对他的期待，而且他的表现达不到期望时会有惩罚，是一件好事。根据专家观察，孩子们经常练习自律——换句话说，那些对自己的表现不满意的孩子—在学习上能取得更好的成绩。

当孩子能识字后，可以把规则写在纸上并贴在家里，这是让孩子明白，规则不仅仅是一种制度，而且是体现公平合理的好方式。

父母应当考虑什么违反行为是惩罚底线，一旦违反规则就实施。在西方管理学中有一个**"热炉法则"**，可以应用到家庭教育中：如果孩子在生活中违了规，就应像碰触到了烧红的火炉，一定会受到惩罚。

这种处罚的特点在于：（1）即刻性：当人一碰到火炉时，立即就会被烫。（2）预先示警性：火炉是烧红摆在那里钓，每个人都知道如果碰触就会被烫。（3）火炉对人不分贵贱亲疏，一律平等。（4）彻底性：火炉烫人绝对"说到做到"，不是吓唬人的。

规则不是只面向孩子的，同时也是对大人的约束，而且惩罚应该是对事不对人的。当孩子向你发脾气或撒娇时，想始终如一坚持规则确实很难，但是只有坚持，孩子才会明白你对他的期待。

针对如何让孩子遵守规则，宋代大儒张载曾经有一个很幽默的比喻："如果你养了一条狗，不想让狗进屋子，它一进屋子你就拿棍子打。可是你又经常在屋子里喂狗吃东西，狗又怎么能知道进屋对不对呢？即使天天打，恐怕也不能让狗懂得这个规矩。狗尚且如此，何况是孩子呢？"

当孩子有做不到的时候，家长必须坚决，不许拖拉和讨价还价，孩子做到了就给予夸奖。这样才能促使孩子的自我管理能力和主动性得到发展。但是，要避免用做家务当作一种惩罚。作为家庭成员之一，孩子做家务是应该做的，不能当作惩罚手段。

对孩子要少用威胁，但要自始至终贯彻规则。如果他没有及时清理自己的房间，你可能先是警告他不许吃晚饭，但是当你让步而让他吃饭时，就向他发出了一个信息，你说话不算数。如果你不准备真的惩罚他，那你最好不要威胁他，因为不可信的威胁会破坏规则的执行。

美国有一则公益广告，内容是父母如何帮助孩子拒绝抽烟和接触毒品。广告中，一位母亲告诫儿子："你现在该做作业了，不能看电视！"同时她拿走了遥控器；说"你现在不能玩电子游戏！"同时她关掉了游戏机，等等一连串的类似场景。

每一次，母亲都严格地维护了规则，最后，当这个孩子和一群孩子在一起有人给他一根烟时，他坚决地摇头：不！我不喜欢抽烟。这时画外音响起：说一不二，孩子会听从。

这则广告告诉家长，制定规则，并严格执行规则，会起到事半功倍的效果。要想让孩子遵守规则，你要采取行动，而不是冲着孩子吼叫或斥骂，也不是空洞的威胁。按喇叭无法驾驶汽车，怒吼也无法"驾驶"孩子。愤怒只会让你精疲力竭，对孩子产生的作用很小，甚至一点作用也没有。

在惩罚孩子时，其它家庭成员切不可当着孩子的面，表现出不同的意见或做法，即使是对的意见也要事后说明。否则的话，不但会使对孩子的教育效果相互抵消，还会令父母丧失权威。

34

期望效应：

"惩罚式教养"和"大拇指教养"哪种更有效？

如果父母的"大拇指"得到了孩子的尊重和信任，孩子
一定会比你期望的更加优秀。

及时对孩子的学习结果进行评价，能促进孩子的学习动机。适当表扬的效果明显比批评好，而批评比不予任何评价的好。

近一段时间，美国耶鲁大学法学教授、自称"虎妈"的蔡美儿（Amy Chua）的"惩罚式教养"受到不少中国家长的推崇。这种育儿方式包括骂女儿垃圾、要求每科成绩拿A、不准看电视、琴练不好就不准吃饭等。她还写了一本书，叫作《我在美国做妈妈：耶鲁法学院教授的育儿经》。

风头之下，"惩罚式教养"开始进入不少家庭，甚至被当成最直接有效的办法。更何况，还有"耶鲁""哈佛"之类的光环罩着，更让一些望子成龙望女成凤的父母趋之若鹜，似乎不如此就对不起孩子似的。

研究证明，只有当孩子尊重其父母的权威时，他们的行为才会更好。而专制型父母虽然看似在孩子面前也有权威，但是这种权威却并不是建立在尊重的基础上的。请记住德国心理学家黑尔加·吉尔特勒的告诫："如果您放弃权力，放弃您的优越感，那么您得到孩子的信任和尊敬的机会就更大。"

"惩罚式"的教育，不仅不会得到孩子的尊重，更会严重打击孩子的自信心，影响他对自己的认识，很可能教出问题孩子。

古代的哲人荀子说：不教而诛，则刑繁而邪不胜；教而不诛，则奸民不惩。诛而不赏，则勤励之民不劝；诛赏而不类，则下疑、俗俭而百姓不一。

如果我们把这句话的对象换成孩子，那么就几乎是一篇赏罚经典：如果不加以反馈和教育就进行惩罚，那么就会罚不胜罚，但是孩子的坏习惯仍然不能克服；只说服教育而不进行惩罚，那么孩子就不会受到警告而吸取教训；只进行惩罚而不实行奖赏，那么孩子的好习惯就不能受到鼓励；惩罚奖赏如果没有原则，那么孩子就会无所适从。

表扬激励和惩罚批评，都有其合理之处。表扬是正面激励，批评是负面激励。"惩罚式教养"认为，只有不断指出别人的缺点，才能促进孩子全面发展。但这是一种消极的"强化"，使用过多会使孩子产生焦虑、自卑情绪，学习兴趣降低、逃避以至完全丧失信心。

心理学家赫洛克（E. B. Hurlook）曾于1925年做过一个实验，他把106名四、五年级的学生分为4个组，各组内的能力相当，在4种不同的情况下进行难度相等的加法练习，每天15分钟，练习5天。

控制组单独练习，不给任何评定，而且与其它三个组学生隔离。受表扬组、受训斥组和静听组在一起练习，每次练习之后，不管成绩如何，受表扬组始终受到表扬和鼓励，受训斥组都受到批评和指责，静听组则不给予任何评定，只静听其它两组受到表扬或批评。然后探讨不同的奖惩后果对学习成绩的影响。

结果如下页图所示。

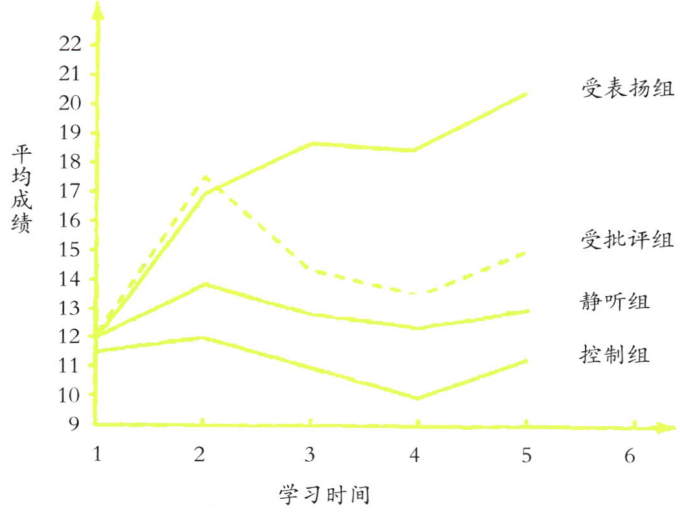

从学习的平均成绩来看，三个实验组的成绩优于控制组，这是因为控制组未受到任何信息。静听组虽然未受到直接的评定，但与受表扬组和受训斥组在一起，受到间接的评定，所以对动机的唤醒程度较低，平均成绩劣于受训斥组。受表扬组的成绩优于其它组，而且呈上升趋势。

这表明，对学习结果进行评价，能激发学生的学习动机，对学习有促进作用；适当表扬的效果优于批评。古人说：数子十过，不如奖子一功。所说的就是这个道理。

每个孩子都有潜力取得非凡的成就，而他能否成功，也许就取决于你能不能像对待非凡的天才一样激励和期望他，以及他如何来看待这种期望和赞美。从心理学的研究结果看，当奖励与惩罚的比例为 5 ：1 时往往效果最好。

教有定理，但教无定式。如果父母的"大拇指"得到了孩子的尊重和信任，孩子一定会比你期望的更加优秀，如果所期望的不是诺贝尔奖的话。

那么如何用期望来改变孩子呢？

1966 年，几位神秘的客人来到美国一所乡村小学。他们从小学一年级到六年级共选了 18 个班，对班里的学生进行了"未来发展趋势测验"。

之后，他们以赞赏的口吻将一份占总人数 20% 的"最有发展前途者"的名单交给了校长和任课老师，并叮嘱他们一定要保密，否则会影响实验的正确性。

8 个月后，他们再次来到这所小学，对那 18 个班的学生进行复试。结果奇迹出现了：凡是上了名单的学生，个个成绩都有了较大的进步，而且活泼开朗，自信心强，求知欲旺盛，更乐于和别人打交道。

这些神奇的预言家，就是美国著名心理学家罗森塔尔的研究团队。最神奇的并不是他的预见力，而是那份名单上的学生，其实是从参加测试的学生中随机挑出来的，与其它学生并没有什么显著不同。

但预言为什么应验了呢？或者说这些学生为什么真的比其它人变得更优秀了呢？

罗森塔尔认为，这其中的原因就在于，在这 8 个月内，老师们对那些"有潜力"的学生另眼相看，在日常给予了更积极的期望和赞扬。这一心理活动通过情感、语言和行为传染给了学生，使学生强烈地感受到来自老师的热爱和期望，从而在各方面取得了异乎寻常的进步。

在心理学上，人们把这种由于信任和期望，使人们的行为发生与期望趋于一致的变化的情况，称之为"罗森塔尔效应"或"**期望效应**"。

此后，克雷纳等学者于 1978 年对 4300 名儿童进行了 4 年的纵向研究，并进行了一系列相关分析，也证明教师的期望会明显提高学生的成绩。

在美国纽约布鲁克林区的 Bedford-Stuyvesant 贫民小区，有一所名为"卓越"的特许学校，那里的 220 个孩子，全都是男孩，大部分是黑人。由于家境贫寒，超过一半学生享受免费或政府补贴的学校午餐。

在这里，孩子们的称呼不是"学生"，而被称为"学者"。每间教室外都钉有一张铭牌，上面刻有老师的母校名称和一个年份数字，比如说 2024。这个数字的意思是，这个班的孩子们 2024 年将从大学毕业。

成立三年来，"卓越"没有辜负它的名字：在纽约市年度英语语言考试中，该校 92% 的三年级学者拿到了"良"或"优"的成绩。而全纽约州达到这一成绩的平均比例（四年级）是 68%，而纽约市仅有 62%。在数学方面，"卓越"学校的成绩还要更好。

有一副对联，上联是"说你行，你就行，不行也行"，下联是"说不行，就不行，行也不行"，是中国人用来讽刺领导在用人上搞"一言堂"的。但是结合上面的试验细想一想，它却又反映了生活中的一个规律：同样水平的两个人，如果大家都肯定一个而否定另一个，过不了多久，真的就会分出优劣。

包括孩子在内，每个人都需要成就感，都希望自己的行为能够得到别人的尊重和赏识。期望效应正是迎合了孩子们的这种心理需要，使他们在心理上体验到一种成功感，以及由此带来的自信心的增强。这种积极的心理"强化"，对于孩子来说是十分重要的。

第四部分

35

心理饱和：
为什么孩子总嫌父母唠叨？

没有刀枪不入的孩子，只有武艺不精、招数贫乏的讲者。

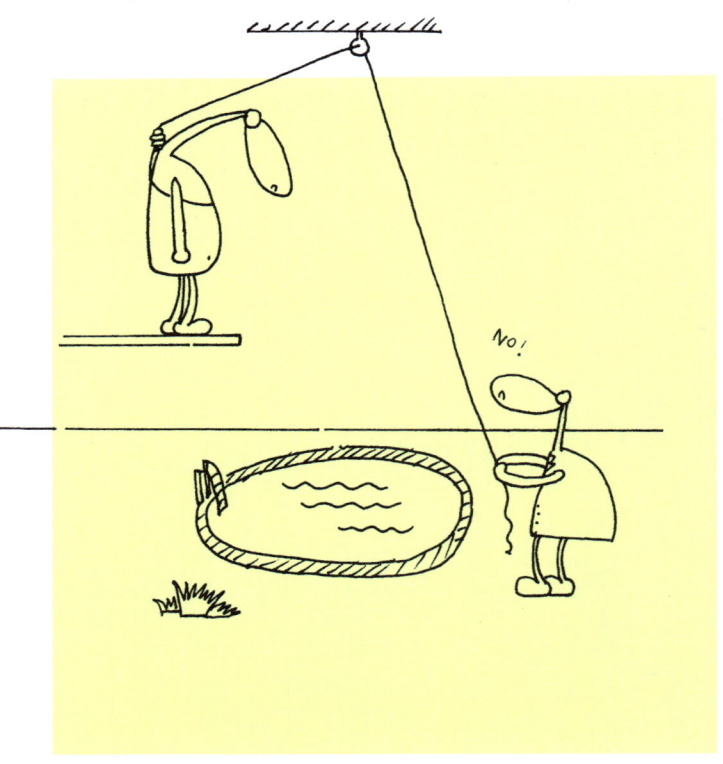

我曾经遇到过一位身为学校管理者的母亲抱怨说，她的孩子正在上中学。几乎每过一段时间，她都会给他讲一些做人的道理。一开始他还听得进去，可是时间久了，不管怎么苦口婆心，他却似乎充耳不闻，有时甚至表现出不耐烦的情绪。

这位母亲困惑地问：是她的教育方法有问题，还是现在的孩子已经刀枪不入了呢？

听了她的讲述，我不禁哑然失笑，于是就给她讲了个故事——

有一次，著名作家马克·吐温（Mark Twain）在教堂听牧师演讲。最初，他觉得牧师讲得很好，使人感动，就准备捐款，并掏出自己所有的钱。又过了10分钟，牧师还没有讲完，他就有些不耐烦了，决定只捐一些零钱。又过了10分钟，牧师还没有讲完，他于是决定一分钱也不捐。

牧师终于结束了冗长的演讲，开始募捐了。马克·吐温出于气愤，不仅未捐钱，还从盘子里偷了2元钱。

我对她说，没有刀枪不入的孩子，只有武艺不精、招数贫乏的讲者。牧师失败的原因和她一样，都是没有注意到听众的**心理饱和**。

饱和一词是个化学术语，把盐往水里扔，当盐不再溶解时，就叫作饱和。心理饱和，则是指心理的承受力到了极限，再刺激下去会引发抗拒和逃避，也称为"超限逆反"。

这是人出于自然本能的一种自我保护，其实是一个十分易懂的常识：任何人接受某种刺激（即使是愉快的刺激）都是有一定限度的。哪怕再美味的东西，吃多了也会撑得难受，再吃多了就会呕吐。古希腊哲学家德谟克利特说过："当人过度的时候，最适宜的东西也会变成最不适宜的东西。"

心理学家做过这样一个试验，在一个公共场所摆放纸和笔，如果有人能一口气把数字从 1 写到 300 不写错也不涂改，则奖励 50 元。尝试的人不少，但最终没有一人能领到 50 元。

心理学家认为，参加者之所以失败了，是因为长时间紧张地做同样的一件事，心理产生了饱和，进入一种非常厌烦的状态，不想或不能继续某项任务。

一般而言，反复虽是增强教育效果的手段，但强度过大，刺激时间过长，却容易引起反应性质的变化。因为人天生要追求多样和丰富，呆板单一的方式容易使人产生厌恶和反感情绪。当信号刺激达到一定程度，超过人的心理承受能力时，人就会产生逆反和抗拒。

一个孩子的妈妈是护士。有一天，妈妈叫他去洗手，小孩悲悲切切地哭了起来。做牧师的爸爸走过来问："饭前要洗手，有什么好哭的。"

小孩伤心地说："你们大人总是说我看不见的东西，妈妈每天都说'细菌'，爸爸每天都说'上帝'。"

对于孩子，如果你每次都是用同一方式"浇灌"他，老是用"三板斧"敲打他，他一定会认为就是啰嗦。甚至他对你的一言一行都了如指掌，甚至你说上句他就能接出下句，自然会产生厌烦，出现"虚心接受，坚决不改"的现象。

我们当然也要正确看待孩子的心理饱和现象，一方面理解他们，另一方面也要教孩子学会自我控制和调节，共同建立一种张弛有度的节奏。这也是对孩子进行心理疏导的一种方式。

那么，具体应该怎样做呢？现在的孩子兴趣广泛，你可以试一试下面的几种方法。

首先，在教育的内容上尽量丰富，可以运用多媒体，比如动画、图片、音乐等，注意孩子的情绪和反应，避免"死板"和"老套"的教育模式。所谓"随风潜入夜，润物细无声"，不经意处见匠心，自然能够让孩子感受到你的关注与鼓励。

其次，如果你平时习惯了喋喋不休地对孩子说话，那么适当地反过来试试无声的技巧。沟通中并不是必须有声进行，有时无声的静场反而会产生意想之外的奇效。

心理学上的"剥夺感觉"的实验表明，人们在日常生活中漫不经心地接受的各种刺激，以及由此而形成的各种感觉是很重要的。如果没有刺激或感觉，那么人们会感到难以忍受的痛苦，即使刺激量减少，也会使人产生焦虑。而无声就是用减少刺激量，来达到使对方注意的目的。

某学校有一个学生常常缺课去打台球，有人把状告到了校长那儿。于是，这位校长就跑到台球的摊头，果然找到了他。于是就默默地站在他的背后。那学生过了好半天才发现校长在身后严肃地看他，一言不发。他脸一红，放下球杆，背起书包，闷声不响，跟着校长回到了学校。一路上，两人都不说一句话。到校后，校长只用手朝教室一指，他便进教室去上课了。

这位学生现在已工作多年了，可是他对这件事总忘不了。他说："如果校长当时骂我一顿，我也许早忘记了。校长越是不响，我就越是自己想得多，此时无声胜有声啊！"

无声的氛围一方面能使周围的气氛变得敏感起来，使得对方处于高度的注意状态，思维变得特别敏锐，对我们所要表达的东西也容易理解。同时也会造成一种无形的压力，同时也会使对方产生一种期待，期待我们打破这种压力。

由此可见，话说得多并不意味着作用大，无声也并不意味着无效，也非处处有效，主要看使用者，用得恰如其分，那时就可能产生无声胜有声的效果。

36

阿伦森效应：

批评孩子时要先褒后贬还是先贬后褒？

人们最喜欢那些对自己的正面反应显得不断增加的人，
而最不喜欢那些对自己的正面评价不断减少的人。

对孩子只是褒扬或者先褒后贬，都会显得虚伪而没有说服力，而先贬后褒的策略，则会显得客观与有诚意。

在教育孩子的过程中，很多父母经常不知道应该怎样批评孩子。直接批评，往往让孩子产生抵触情绪。不是流行赏识教育么，好，那就尝试着用先褒后贬的批评技巧，比如说"你今天表现很好，但是……"刚开始一段时间还挺奏效，但没过多久，他又开始犯老毛病了。怎么办呢？

对于褒与贬在孩子心理上的不同反应，确实已经有不少人研究过。这种在日常生活中的细微现象，其实反映了一个十分严肃的心理定律——**阿伦森效应**。

这个效应得名于美国心理学家埃里奥特·阿伦森（Elliot Aronson）曾经组织的一个实验。阿伦森是当代最杰出的社会心理学家之一，在研究、教学和写作三个方面都获得很大成就。

在这个实验中，他找到 80 名大学生，将他们分成 4 组，每组都有 7 次机会听到某一同学（心理学家预先安排的）谈起对他们的评价。

评价方式是：第 1 组为贬抑组，即 7 次评价只说被试者的缺点不说优点；第 2 组为褒扬组，即 7 次评价只说被试者的优点不说缺点；第 3 组为先贬后褒组，即前 4 次评价专门说被试者缺点，后 3 次评价则专门说被试者优点；第 4 组为先褒后贬组，即前 4 次评价专门说被试者的优点，后 3 次评价则专门说被试者的缺点。

当 4 组都听完该同学对自己的评价后，心理学家要求他们各自说出对该同学的喜欢程度。**结果出乎意料，最喜欢该同学的竟是先贬后褒组，而不是褒扬组。**

心理学家的结论是：人们最喜欢那些对自己的正面反应显得不断增加的人，而最不喜欢那些对自己的正面评价不断减少的人。至于原因，心理学家认为，如果只是褒扬或先褒后贬均显得虚伪，而先贬后褒则显得客观与有诚心。

在下面这个故事里，陶行知先生就是用糖块来批评学生的。

陶行知先生担任小学校长的时候，有一日看到一名叫王友的男生正在用泥块砸班上的学生，当即制止了他，并要他放学后到校长室去。

放学后，王友已经等在校长室准备挨训了，陶行知却掏出一块糖果送给他，并说："这是奖给你的，因为你按时来到这里，而我却迟到了。"王友惊异地接过糖果。随后陶行知又掏出一块糖果放在他手上，说："这块糖果也是奖给你的，因为当我不让你再打人时，你立即就住手了，这说明你很尊重我。"王友更惊异了，眼睛睁得大大的。

陶行知又掏出第三块糖果塞到王友手里，说："我调查过了，你用泥块砸那些男生，是因为他们不守游戏规则，欺负女生。你砸他们，说明你很正直善良，有跟坏人做斗争的勇气。"

王友感动极了，他流着泪后悔地说："陶……校长，你打我两下吧！我错了，我砸的不是坏人，而是自己的同学呀！"

陶行知满意地笑了，说："你能正确地认识自己的错误，我再奖给你一块糖果，可惜我只有这一块糖果了，我的糖奖完了，我看我们的谈话也该完了吧。"

怀揣着糖果离开校长室的王友，此后学习认真，再也没有在学校发生过打架的事情。

对世界尚无全面了解的孩子来说，还没有非常明确的是非判断能力。对于一些不是十分明确的事情，无论你采用先褒后贬还是先贬后褒，一个"但是"的转折，都可能给他们留下模棱两可的印象，对你的诚意产生怀疑，同时又因为没有明确指令性，不能引起其重视。

对孩子来说，错误产生的过程也就是学习的过程，要采取宽容的态度。但宽容不是纵容，进行批评时一定要就事论事，切不可不论青红皂白一通粗暴指责。

有时孩子根本意识不到自己已犯错，这时责备他们不会有任何作用。在这种时候，批评时要心平气和，重在讲清道理；有些很明显的错误，孩子自己也会意识到。对于这些错误可以暂时搁置，给孩子留出自省的空间。一种行之有效的批评方式，是让孩子知道他们的错误对别人的影响。这样做，能激发他们的同情心而不是反抗或怨恨。

但不管怎么样，在通过批评确立规矩和准则的同时，都必须让孩子意识到：家始终是充满爱、充满鼓励、充满情感和信任的地方。只有这样，才能让孩子更平静地接受批评。

37

沟通位差：
错怪孩子了要不要道歉？

在家庭教育中，承认错误并向孩子道歉，可以帮助孩子
学会负责任。

一次错误并不会毁掉以后的道路，真正会阻碍你的，是不愿意承担责任、不愿意改正错误的态度。

　　古人说：人非圣贤，孰能无过。我们是人，不是"圣人"。圣人中的超级圣人，也有发狂犯错的时候，特别是与孩子沟通的时候。

　　美国加利福尼亚州立大学曾经作过一项研究，通过反复比较，得出结论："来自上层的信息只有 20%~25% 被下级知道并正确理解，从下到上反馈的信息不超过 10%，平行交流的效率则可达到 90% 以上。"后来，这项总结报告，被称之为**"沟通的位差效应"**。

　　这里的"位差"主要指社会地位、学历文凭、年龄代沟等方面的差距。沟通在一个水平的平台上进行交流，信息流才能前后左右自如流动，形成人们之间的互相沟通和交流。这个位差，在家庭教育中同样存在。

　　很多情况下，大人只凭自己的经验就一口咬定孩子犯了什么错，让孩子百口莫辩。但是在明白了事实真相后，他们会对孩子说一声"对不起，我错怪你了"吗？

　　美国田纳西银行前总经理 L.特里曾说："承认错误是一个人最大的力量源泉，因为正视错误的人将得到错误以外的东西。"

　　谁都难免会犯一点小错误，而且，每个人都存在着这样的心理：犯错误的时候，脑子里总是想着隐瞒自己的错误，害怕自己承认错误之后会觉得没有面子。其实，有这样的心

第四部分

理是正常的，但是，为了能够从错误中获得一些有用的东西，我们应该克服这样的心理。

特别是在家庭教育中，承认错误并向孩子道歉，可以帮助孩子学会负责任。这也是一个教育机会。

有时，父母觉得自己是大人，怎么可以随便向孩子说"对不起"呢？但是，谁做得不对就认错，这是人与人之间交际的基本原则，不能因为双方的身份不同而违反。其实，道歉反而显得大人很光明磊落，在孩子眼中也很有分量。那些只知道修饰自己的人是很虚弱的人。

《怎样向孩子道歉》一书的作者保罗·科尔曼（Paul Coleman）说，向孩子认错会为孩子树立一个榜样，他们将从你这里学会如何对自己的错误道歉，并进而对自己造成的伤害负责；这样做不会令你显得无能，也不会使孩子从此变得强势；相反，父母的道歉会让孩子明白你是坦诚直率的，你对诚实是很看重的，因此他们会更加尊重你、服从你。

大人向孩子道歉时，一定要保持诚恳的态度，用温柔、关怀的眼神面对孩子，坦诚地和孩子进行沟通，将你犯错时的真实想法以及反省告诉孩子，并且："如果再发生这样的事，我不会那样对你了，在惩罚你之前，我会好好考虑几分钟。"

如果你觉得当面向孩子道歉很难接受，不妨试试给孩子写一封道歉信。写道歉信更能够体现出你的情感，让孩子更加感动。美国著名的教育家戴尔·卡耐基，就曾经给儿子写了一封道歉信，信中说：

儿子，我对你太暴戾了。当你穿衣服上学时，我责骂你，因为你没洗脸，只是用毛巾随便擦了一下。为了你没有把鞋子擦干净，我又斥责你。当你把东西随便扔在地上，我又生气地呵斥你……

儿子，就在你走开之后，我手中的文件掉了下去，全身浸在一种非常难过的恐惧中，我怎么被这种习惯弄成这样子？那种挑毛病和申斥你的习惯——竟然当你还是一个小男孩的时候，我给你的期望太高了。

在向孩子道歉的时候，有一点必须记住，那就是：道歉不是为了取悦孩子或者安抚他的情绪，更不代表要放弃原则。如果孩子仍忿忿不平，告诉他你能理解他，毕竟，当我们对待某人不公正的时候，他是不可能一点愤恨都没有的。

但是，如果孩子抓着你道歉的机会，试图用它要挟你达到某种要求的时候，比如："你承认是你错了！你欠我一次！今晚我要通宵看电视！"

在这种情况下，你可以给孩子一点好处，但是一定要拒绝他们过分的要求，决不能让步。你一定要跟他讲清楚——不可能。另外要向他说明——每个人都会犯错误，家人要理解接受他的道歉，然后摒弃前嫌。

美国教育家斯特娜夫人说："一个勇于承认错误、探索新的谈话起点的父母，远比固执、专横的父母要可爱得多。"试一下吧，相信父母的道歉必然能得到孩子的理解，从而为良好的亲子关系打下基础。

就把孩子当孩子

38

自然惩罚：
孩子总是跟父母反着来怎么办？

与孩子和解，也就意味着适应家里这个慢慢长大的人，这种适应可以使父母和孩子双方都更快地适应自己的新角色，而不是磕磕绊绊很多年。

孩子吃什么、穿什么、用什么、去哪儿、跟什么人在一起，以及什么时候写作业和什么时间睡觉等等，曾经都是父母关心的问题。

　　在很长一段时间里，父母要求孩子的是无条件地服从——听话。在幼儿园要"听阿姨的话"，假期去陪老人要"听爷爷奶奶的话"，上学以后要"听老师的话"。孩子们所能做的，就只有服从，一切都由大人替他做决定。

　　当孩子年纪小的时候，这种保护和帮助是不可缺少的，因为他们的心智还不足以自己做出正确的决定。然而，当孩子一天天长大，并且进入青少年时期，孩子形成了自己的看法和思想，他就开始有自己的想法，开始自己做决定了。

　　不过，这些想法和决定，有时与父母的期待是截然不同的。孩子想要到院子里踢足球，父母却要求他做作业；孩子觉得每天放学后打一会儿游戏也没什么大不了，可是父母却希望他马上开始练琴。因此，双方的冲突在所难免。

　　一位父亲安慰刚被"收拾"过的儿子："行了，别哭了！其实爸爸也不想打你，但你为什么老是跟我对着干呢？你看看邻居家的露露，和你年纪一样，可是从来不惹她爸爸生气，她爸爸也从来不打她。"

　　父亲为儿子擦去眼角的泪水："今后要听话！你说，从露露身上应该学到些什么呀？"

　　儿子边抽泣边说："要，要找，找个好爸……爸……"

父母和孩子之间发生冲突时，往往使双方感情都受到伤害：父母觉得孩子跟他们对着干，孩子则认为父母不尊重他们，甚至不爱他们。曾经有一个孩子对我说："我不想和父母吵架。因为我吵不赢的时候只有捱骂，吵得赢的时候只有捱打。"

在父母看来，孩子就像是完全变了一个人似的，让他们一时难以接受而觉得奇怪：孩子为什么喜欢跟大人对着干呢？

其实，问题不在于孩子，而在于父母：他们尚不适应长大全新的孩子，而仍然当他是个无知无识的孩子，企图替他做一切决定而他仍然全盘接受。这，也正是您和很多父母与孩子发生冲突的原因。

2004 年，两名以色列学者阿维·阿索尔（Avi Assor）和盖·罗斯（Guy Roth），与美国资深动机心理学专家爱德华·德西（Edward L. Deci）合作，对 100 多名大学生进行了调查，询问他们在得到父母关爱时，是否取决于其学校成绩、苦练体育、关心他人，或能否控制愤怒及恐惧等情绪等因素。

结果显示，受到父母有条件表现关爱的孩子，确实更趋于听话，也就是按大人的意志行事。

但是，这种听话是要付出代价的。首先，这些孩子往往对自己的父母感到反感和厌恶。其次，他们倾向于说，他们行事往往更多地取决于一个"强大的内部压力"，而不是"一个真正意义上的选择。"此外，在他们做某事成功之后所感到的幸福通常是短暂的，之后往往会感到内疚和惭愧。

一些研究者把学生按奖励和惩罚养育进行了分类。他们认为，这两种养育从长远看都是有害的，但在形式上略有不同。奖励有时对促使孩子在学习上更加努力是有效的，但其负面影响，是随之而来的不健康的"内部压力"感觉。而惩罚甚至在短期内也根本不起作用，它只增加了孩子对其父母的负面情绪。

这些研究告诉我们，用表扬来替代惩罚来让孩子听话的做法，同样属于"有条件培养"，也可能得到适得其反的结果。而且，用通常所说的惩戒方法让孩子听话，会导致孩子感情的极度焦虑。

在这方面，让犯错的孩子自己选择受惩罚的方式，是一个不错的选择。这实际上是 18 世纪法国的卢梭在他的教育论著《爱弥儿》一书中提出的**自然惩罚**："使他们（孩子）从经验中去取得教训。"

具体来说，就是当孩子在行为上发生过失或者犯了错误时，父母不给予过多批评，而是让孩子"自作自受"体验到痛苦的责罚，强化痛苦体验，从而吸取教训，改正错误。

美国作家马克·吐温曾经有一次带着孩子到农庄度假。可是就在出发前，不知出了什么差错，大女儿苏西动手把妹妹克拉拉打得哇哇大哭。

按照马克·吐温制定的家规，苏西必须受到惩罚。惩罚的方式还要她自己提出来，父母同意后就可以施行。犹豫了半天，苏西终于下了决心对母亲说："今天我不坐干草车了，它会让我永远记住，不再重犯今天的错误。"

发生这类冲突时，父母和孩子的感情都受到伤害。不过，这种冲突也有其积极的一面，那就是可以使父母逐步理解孩子。事实上，看到孩子开始形成并且发表自己的看法，父母应该感到宽慰才对。回忆一下自己的青少年时期，父母应该可以理解孩子的感受。

与孩子和解，也就意味着适应家里这个慢慢长大的人，和他平等相处，甚至允许出现"重孙有理告太公"的以下犯上。这种适应，可以使父母和孩子双方都更快地适应自己的新角色，而不是磕磕绊绊很多年。

我们大多数人会毫不犹豫地说，我们爱子女是没有任何附加条件的。但是，重要的是从孩子的角度是如何看的——当他们做得不好或搞得一团糟时，是否会觉得父母仍然同样爱他们。

心理学上有一种说法叫作"非爱行为"，就是指人以爱的名义对最亲近的人进行的非爱性掠夺。所有这些，都可以称为非爱行为，因为，它是以一种爱的名义所进行的一种强制性的控制，让他人按照自己的意愿去做。

美国心理学家卡尔·罗杰斯（Carl Rogers）认为，我们仅仅爱孩子是不够的。爱还必须是无条件的：爱孩子，而不是他所做的。相信没有父母认为，当孩子听话时就爱他们，反之则不爱。

当然，父母对孩子的无条件的爱，应伴随着"自主支持"：要向孩子解释要求的理由，最大限度给孩子参与决策的机会，鼓励但不操纵，并积极地从孩子的角度来想象和观察事物。这并不意味着要放纵他们，而是说他们有权利把自己的意愿从父母的期望中分离出来。

39

应激反应：
为了孩子，离婚还是不离？

让孩子分担你的感情，而不是用错误的观念误导他，这才是为人父母对孩子负责任的做法。

近年来，中国的离婚率逐年攀高，还有更多的家庭处于离婚的边缘。很多父母坚守婚姻的理由仅仅是：给孩子一个完整的家。一位朋友说，她为此感到困惑，为父母者割舍自己的幸福，忍受痛苦，巨大的个人牺牲真的会带给孩子幸福吗？为了孩子，离婚还是不离？

这对父母来说是一个哈姆雷特式的问题，对孩子来说更是一个无解的冲击。父母离婚，必然会给孩子的生命个体造成不同程度的心理冲击。这在心理学上称为**"应激反应"**。

愤怒是发生在父母离异的孩子身上常有的事。他们怪罪父母，甚至是怨恨整个世界——为什么这样的灾难会在世上发生？如果这样的愤怒被导向了父母其中一方，孩子很容易罪过归咎于这一方，而把另一方看成是受害者，这很容易导致内心分裂。这时，就需要"受害者"的一方来给孩子进行开导。

在这方面，美国现任总统巴拉克·奥巴马的母亲安·邓纳姆是一个成功的典型。

安·邓纳姆是一个美国白人，原本来自堪萨斯州。而老奥巴马是一名在夏威夷念书的肯尼亚留学生。两个人结婚时，安刚好 18 岁。这段婚姻很短暂，老奥巴马离家前往哈佛大学念经济学博士学位，就把年轻妻子和年幼的奥巴马抛下了，因为他没有钱带上妻儿同去。

1964 年，安提出离婚，老奥巴马没有异议。安一边带儿子一边求学，生活非常拮据，老奥巴马也没支付过赡养费。在一般人看起来，她有很多理由对老奥巴马愤怒。

然而，安从来没有抱怨过前夫，也没有在儿子面前说过老奥巴马的坏话。实际上，每当和儿子谈起他的爸爸，安从不跟孩子抱怨他父亲的缺点或不负责任，说的都是优点。她对奥巴马说，爸爸聪明，幽默，擅长乐器，有一副好嗓子。

内疚是这类儿童的另一个问题。他们会认为，如果他们是个乖孩子，听爸爸妈妈的话，这样他们就不会离婚了。要让孩子知道这并不是他的错。

在一段婚姻走到尽头时，失落和悲伤是很自然的。让孩子分担你的感情，而不是用错误的观念误导他，这才是为人父母对孩子负责任的做法。

那么，父母应不应该为了孩子留在不可调和的婚姻呢？

今天很多人离婚，并不是喜新厌旧，而是因为对另一方的某些方面无法容忍，或者是因为另一方对家庭的不负责等行为造成的。但是，社会舆论提倡为了孩子不要离婚，可是不离婚对孩子真的比离婚好吗？恐怕要做具体的分析。

不离婚，可以在表面上给孩子一个完整的家，但是，婚姻的双方已经没有了爱，每天给孩子提供的是一个不良的爱情范例。孩子并不像我们想象的那样不明世事，一个凑合的家庭，和一对充满怨恨的父母，对孩子心理的影响并不亚于离婚。

如果父母中的一方不能从根本上改善孩子的精神和情感生活，无法成为孩子的好榜样，那么这一方的离开，对孩子不是坏事。

其次，家并不一定非要由亲生父母及孩子组成，只要对孩子有爱，在什么环境都可以付出。

许多人认为，只有亲生的父母才能给孩子完整的家庭，给孩子爱，但是他们忽略了一个问题，就是家不是一定要由爸爸妈妈和孩子组成才算完整。在很多再婚家庭里，亲子之间照样爱意浓浓。孩子不仅没有失去爱，反而可能多一个人来爱他和帮助他。

失败的婚姻，会让人有挫败感，但是也可以让人学到很多东西。理智的离婚，可让孩子知道你可以为他付出爱，但是不能牺牲自己，一个人首先要对自己负责任。它可以教会孩子尊重他人，包括尊重父母的选择。孩子可以从中明白，人不能只为自己活着，要多替别人着想，父母不一定必须围着孩子转。

教育家马卡连柯说："一切都让给子女，牺牲一切，甚至牺牲自己的幸福，这就是父母所能给孩子的最可怕的礼物。"那些自认是为了孩子而委屈一生的父母，正是把这件最可怕的礼物端给孩子。

事实上，并不是离婚本身伤害了孩子，而是大多数夫妻在离婚时的表现伤害了孩子。如果能够理智友好地离婚，它对孩子的伤害一定能减少到最小甚至没有。

接下来的问题是，怎样让孩子接受父母离婚的事实？

首先，无论孩子年龄有多小，他们都有权知道父母正在办理离婚。你应该告诉孩子，父母当中会有一人离开这个家，而且再也不会搬回来住了。没有必要用"爸爸去出差了"或者"妈妈回外婆家了"这样的理由来搪塞。遮遮掩掩、闪烁其词只会带来伤害，而且最终还是需要得到更正。

其次，最好是在爸爸妈妈都在场的情况下，告诉孩子离婚的消息。孩子大多不能真正了解离婚：为什么我最亲密的两个人会不爱彼此了呢？父母要勇于承担责任，正面回答与自己相关的问题。

第三，任何年龄的孩子的第一反应都会是问"为什么"，如果你回答分开生活对所有人都好。那么孩子接下来的问题是："爸爸（妈妈）离开了，是不是就不爱我了？"不管是不是说出口，这个问题是一定存在于孩子脑海中的。为了消除他的这种恐惧，必须告诉孩子："爸爸妈妈都会爱着你，永远都会。"

不要急于告诉孩子家庭财务状况的变化，也不要急于告诉他父母中有一人或者双方都会马上再婚。如果可能的话，把对他的安排尽可能详细地告诉他，包括离开的一方多久来探望他一次。虽然孩子会痛苦，也要鼓励他多问所关心的问题。

40

自己人效应：
怎样才能"多年父子成兄弟"？

活用"自己人"效应，也就是让孩子把你与他归于同一
类型的人。

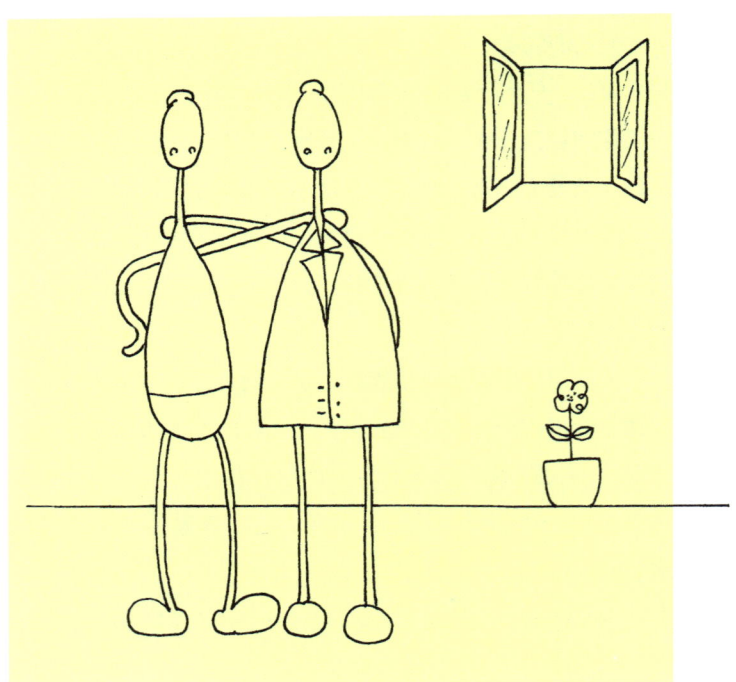

让我们比较下面两种说法：

第一种——

"赶快去做作业！"

"你难道不知道老师为什么批评你吗？"

"算你说对了，你也就这么一点儿小聪明！"

第二种——

"做作业真是很辛苦啊！"

"被老师批评，一定觉得很难过喔？"

"原来是这样，我们想到一起了！"

对孩子来说，在这两种说法面前分别会有什么样的反应呢？对于任何孩子来说，只要听到父母说出第二种说法，一定会感受到"原来妈妈也和我有同样的感受""原来爸爸也可以理解我的心情""爸爸（妈妈）还是最爱护我的"。进而，他们会感受到被关爱的感觉，敞开心房与父母交流。

其实，与孩子产生共鸣很简单，只需要一句"原来如此"就可以了。

在家庭教育中，很多父母抱怨说自己的苦口婆心不被孩子理解。其中的原因，只在于这种苦口婆心，没有把孩子与自己视为一体。只有拉近与孩子的心理距离，孩子才会消除心理压力，不会对父母存有戒心。为了达到这个目标，我们就需要利用心理学上的"**自己人效应**"。

这个理论，由社会心理学家 G. L. 克劳尔和 D. A. 伯恩于 1974 年提出：相似的人由于肯定了对方的信念、价值观、

人格质量，因此，起着正强化的作用。反之，则起着负强化的作用。这种正负强化作用通过条件反射与具有这些特点的人联系起来，结果就造成了人们喜欢相似的人，不喜欢不相似的人。

他们进行了一个实验，证实了这一点。

那时候的年轻人的穿着主要有两种类型：要么像嬉皮士，要么不像嬉皮士。实验者分别穿着两种类型的衣服，到校园里向大学生们要一毛钱打电话。

当实验者的穿着与被问到的学生是同一种风格时，在多于2/3的情况下都得到了这一毛钱。但是，当实验者的穿着风格与被问到的学生不一样时，只在不到一半的情况下得到了这一毛钱。

另一个实验则表明，人们对"自己人"的正面反应，几乎是不假思索的。他们发现，参加反战游行的人，更可能在一个穿着类似的人的请愿书上签名。不仅如此，他们签名的时候甚至都懒得读一下请愿书。

活用"自己人"效应，也就是让孩子把你与他归于同一类型的人。如果父母和孩子关系良好，孩子就更容易接受父母的观点、立场，甚至对一些批评也不容易抗拒。

在商场儿童玩具专卖柜前，一个孩子坐在地上，尖叫："我要电话机，我要那个电话机。"

他这么撒泼地一嚷，周围人的目光都聚了过来。只见他的妈妈平静地说："贝基，你最好给我起来，我数一……二……三。"

孩子看了看妈妈，继续嚷着。这时，妈妈一屁股坐到他旁边。像他那样踢着脚："我要一部车，我要房子，还有珠宝。我还要……"

孩子立刻站起来，他眼泪汪汪求妈妈起来。周围愣住的人，开始噼里啪啦地鼓掌并小声地夸赞："这真是个聪明的妈妈。"

由于代沟的关系，有时让孩子把你当成"自己人"会有些困难。因为代沟会导致语言障碍的出现，这种障碍会阻碍到父母跟孩子的有效交流。在具体的作法上，有以下几个方面值得尝试。

第一，主动理解孩子的见解，哪怕它有些荒谬。

孩子有自己对人对事的见解，有他们喜欢的生活方式，有他们自己的兴趣爱好，比如孩子喜欢某位歌星或演员，兴致勃勃地向你讲述偶像的新闻，你就不要以自己的眼光和主观见解去说"真不明白你为什么这样迷他，我觉得他没什么优点"，你这样说只会让孩子觉得"父母既然不明白我，那么再说下去也没有意义"，从此便不再与父母说他的偶像，转而去寻找与他有共同话题的朋友。

第二，像孩子那样思考问题。

对大多数父母来说，这件事其实相当容易，因为每个人都曾经是孩子。当父母试着用适合孩子年龄的语言来解释一些事情的时候，他也就把自己放到儿子或者女儿的位置上，并找到了最好的交流语言。最好的练习方法，就是听听你的孩子他们平时怎么说，然后使用他们的词汇。如果你练习得够多，使用适合孩子年龄的话，最终会变成你和他的交流习惯。

第三，父母可以尝试读孩子们读的书，看孩子们爱看的电影，也就是跟孩子的业余爱好和兴趣同步。

这其实也是通过介入孩子的成长环境，来拉近与他们的距离。你可以自问：孩子喜欢读哪种类型的书？他喜欢看哪种类型的电影？记住，为了孩子，看这些似乎很幼稚但是却有助于交流的东西并没有什么羞耻。

第四，与孩子视线平齐进行交流。

传统观念里，很多父母都觉得自己是长辈，应该高高在上，正是这种想法造成了和孩子之间的"代沟"。因此，要想改变这种局面，就要抛弃那种居高临下的姿态，蹲下或坐下，水平地面对孩子的视线，缩短和孩子之间的心理距离。同时，避免用命令、训导式的语气和孩子讲话。

第五部分

与其当孩子的保护伞，
不如做个"避雷针"

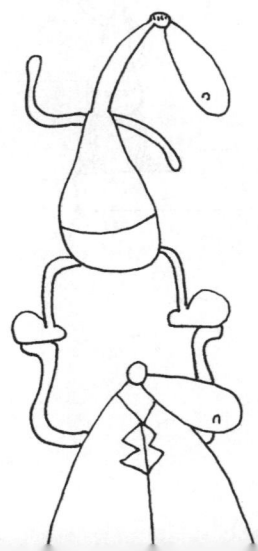

41

鲇鱼效应：
赢得起，更要输得起

一个孩子正常的成长状态是，既要有竞争对手，也要有亲密的伙伴。

在竞争越来越激烈的当今世界，父母也都越来越认识到孩子的竞争意识和竞争能力的重要性。让孩子学会竞争，成为无数父母教育子女的重要内容，通过各种措施鼓励孩子参与竞争。

竞争意识，是指对外部活动的积极、奋发、不甘落后的反应。培养孩子的竞争意识，鼓励孩子参与竞争，对孩子的成长很有意义。

培养孩子的竞争意识，首先要让他有自己做主的权力。有人开玩笑地说，中国父母对孩子的培养就是一个"报"字——

5岁：孩子，我给你报了少年宫。7岁：孩子，我给你报了奥数班。15岁：孩子，我给你报了重点中学。18岁：孩子，我给你报了高考突击班。23岁：孩子，我给你报公务员。32岁：孩子，我给你报了《非诚勿扰》。

这样的孩子，恐怕不只是没有竞争意识的问题，而且还有一个奴隶化的问题：他已经不属于自己。这种情况下，父母的教导再多也是没有用的。孩子习惯了一切由父母包办，他怎么能主动竞争呢，他已经被剥夺了自主和主动的权力。

很久以前，挪威人从深海捕捞的沙丁鱼，总是还没到达海岸都已经死了。但有一条渔船总能带着活鱼上岸，活鱼比死鱼可是贵上好几倍呢。这是为什么呢？

原来，渔人在这船的鱼槽里放进了鲇鱼，鲇鱼是沙丁鱼的天敌，鲇鱼出于天性不断追逐沙丁鱼，在鲇鱼的追逐下，沙丁鱼拼命游动，激发了其内部潜能，从而活了下来。

这就是"**鲇鱼效应**"，它告诉我们，竞争可以激发人的内部潜能。

不过，凡事都有一个度。培养竞争意识也不能过头。如果盲目地鼓励孩子竞争，却没有让孩子了解到竞争的意义，恐怕会适得其反，导致孩子过度竞争或恶性竞争，在成功时沾沾自喜，在失败时怨天尤人，甚至仇恨和伤害对手，这就过犹不及了。

要培养孩子正确的竞争意识，有目的、有针对性、科学地引导孩子参与竞争，而不要陷入盲目鼓励孩子竞争的误区。盲目的竞争容易使孩子沉湎于成败得失的算计中不能自拔，在一个以获胜为荣、而对失败无法容忍的世界里，是很危险的。

现在很多家长在谈论的"狼性教育"，把孩子教育成眼里只有个人成就的"狼"，并不是好事。因为科学研究已经证明，竞争意识太强并不一定是好事。

美国心理学家多伊奇等人（Deutsch，1960）曾做过一个经典的实验，该实验要求被试者两两成对，分别充当两家运输公司的经理，任务都是使自己的车辆以最快的速度从起点到达终点，如果速度越快，则赚钱越多，要求尽可能多赚钱。

每人都有两条路线可选，一条是个人专用线，另一条是两人共同的近道线，但道近路窄，一次只能通行一辆车，因此使用这条近而窄的道路只有一种办法：双方合作交替使用。研究者明确告诉被试者，即使交替使用单行线，也必须要有一点等待时间，但走单行道远比启用个人专线经济、有效。实验最后，以被试起点至终点的运营速度记分，分数越高越好。

　　实验的结果表明，双方都不愿意合作，狭路相逢，僵持不下的情况时有发生，虽然在实验中也会偶有合作，但大多数都是竞争的形态。

　　当研究者要求被试者阐明宁可投入竞争也不愿选择合作的理由时，大多数被试者表示自己希望战胜其它竞争者，而并不重视自己在实验中的得分多少，即使得分少也要去竞争和胜过他人，从而实现自我价值。

　　这个实验，一方面证实了人心理上倾向竞争的结论，另一方面也表明，在个人竞争的条件下，多数人只关心自己的工作，不会相互支持，因而反而可能降低效率。

　　在现实生活中，部分竞争意识很强的孩子，未能积极、正确地面对竞争，对竞争伙伴充满敌对情绪，采取"封闭"和"打击"的方法，不再和对方交朋友，甚至怂恿别的伙伴孤立他，严重的甚至毁坏对方的资料等。父母要提高孩子的竞争道德水平，教育孩子在竞争中要学会宽容。

　　父母要告诉孩子，竞争并非就是不择手段地战胜对方，同学之间的竞争应该有利于促进相互督促，相互学习，以竞争促进进步。竞争也要珍惜同学间的友谊，要运用正当的竞争手段，不能做出伤害同学的事情。

心理学研究表明，个性与竞争能力是紧密地联系在一起的。发展孩子的个性，应从其本身的需要、兴趣出发，让孩子不但在学习成绩上有竞争力，更要掌握几种特殊的才能和本领，具有较完善的人格。 而且，能自理、自主、自律、自信的孩子，其竞争意识和竞争能力往往强于他人。

有竞争，就会有输赢，就会产生成功者和失败者。在竞争中，没有常胜将军，没有哪个人能在各方面都次次取胜。因此父母应该引导孩子知道强中还有强中手。有的孩子在家中与父母下棋，只能赢，不能输，一输就要耍赖，于是父母便只能让他赢，长期这样，容易产生负面效应，使孩子变得"输不起"。

任何竞赛，有胜利者也要有旁听鼓掌的人，鼓励孩子欣赏别人的胜利，能培养他宽大的心胸。同时，也要让孩子接受一些挫折教育，能培养孩子的意志，让孩子感到失败并不可怕，只有在失败之后及时地调整自己的心态，消除不必要的紧张、忧虑和自卑等消极情绪，才能争取到下一次的成功。

在必要时，父母可以有意识地帮助孩子选择竞争者。让孩子把某个同学当作竞争者，能极大地鼓舞孩子，是可以的，但不要目标太高，每次都盯着第一名，可以让孩子选择一个比较熟悉、成绩略好于自己的同学作为竞争对象。

一个孩子正常的成长状态是，既要有竞争对手，也要有亲密的伙伴。让他们既与别人竞争，同时又有相互支持的同伴，他们共同活动，彼此交流及时，相互理解和友好。只有在这种情况下，他们才能学会和人进行良性的竞争。

42

社交恐惧：
孩子太害羞要不要批评？

现在科学家越来越认为，害羞是一种优势性格，有益于
孩子的健康成长。

笔者认识一位朋友的孩子，今年9岁，很听话，但就是不太善于与别人打交道。他的父母都十分有礼，看见邻居等都会打招呼，外出前都告诫孩子见了长辈要主动问好，别人问问题时要好好回答等等。

可是这孩子在遇到外人时都很害羞，要么紧低着头，要么把脸扭向一边或者涨红了脸没有一句话，有时甚至干脆躲到父母的身后，弄得父母很尴尬。虽然父母多次批评他，也不见改善。

这个孩子遇到的问题，是社交恐惧，我们在生活中称之为害羞。

在这个世界上，大约有1/5的孩子是天生害羞的。根据美国著名心理学家菲力普·津巴多博士的观点，害羞是孩子们固有的个性之一。

首先要告诉您一个好消息，尽管害羞的孩子看起来在外人面前表现不好，但现在科学家越来越倾向于认为：害羞是一种优势性格，有益于孩子的健康成长。华盛顿大学教授戴维·霍金斯（David Hawkins）说：**"害羞存在着危险因素，但它也具有一种保护性质量。"**

比如，害羞的孩子较为聪明，看起来少言寡语，但勤于思考，多于行动，能吃苦耐劳，更富有创造性和实干精神，成年后也不会搬弄是非，因而大多能受到他人的信任。害羞孩子也许比那些开朗孩子的朋友少，但他们涉及暴力犯罪或团伙犯罪的几率更低。

同时，害羞者往往心态宁静，不怒不躁，宽容豁达，对坎坷、挫折、失败等的心理承受能力较强，有利于身心健康与事业的成功。至于其中的奥妙，据美国哈佛大学和耶鲁大学的心理学家研究，乃是得益于害羞孩子的神经系统天生较为发达之故。

研究者指出，亚伯拉罕·林肯、穆罕达斯·甘地、纳尔逊·曼德拉等伟人的性格中都有害羞的成分。英国历史上的著名首相本杰明·迪斯累里（Benjamin Disraeli）坦白说，他宁愿率领一支骑兵去冲锋陷阵，也不愿意面对下议院做首次演讲。

当然，也不容讳言害羞对孩子成长的不利影响。正因为害羞的儿童天生神经系统较为发达，在社会交往中，会因自我意识强烈和惊慌而过于胆怯与退缩，难以与环境融洽相处，不易交朋友，可能影响其日后的事业与工作。

因此，对孩子的害羞个性加以适当的引导和矫正，是有必要的。

首先，对孩子的害羞个性，家长应当正确认识并勇于接纳，完全没有必要过分关注或大惊小怪，而要以平常心来对待。

要理解和体贴孩子，使孩子放松下来。如果孩子处于紧张状态的时候不愿打招呼，不宜硬要孩子开口问好，更不要反复提醒和批评。即使孩子的声音很小，也要多给一些正面的鼓励和表扬，有时甚至可以夸张一点，以增强他的信心。

其次，一定要注意，不要当着别人的面指责和嘲笑孩子。当众的批评不但于事无补，还会加深孩子对他人的恐惧，使孩子更加害羞。

因为孩子心理本来就比较脆弱，而且很相信父母的评价，会认为自己的确就是一个性格内向、好害羞的人，他以后会经常以"我是一个害羞的人"来暗示自己，为自己的行为找到依据，并以此来作为自己退缩行为的理由和借口，愈发回避与别人打招呼。下面就是一个负面激励孩子的例子。

一位父亲带着四岁的儿子来朋友家做客。朋友拿了个橘子给他，父亲说："儿子，叔叔给你橘子你该说什么呀？"

孩子低着头不说话，那朋友赶紧说："不用谢了，吃吧。"

父亲不好意思地说："我这儿子太害羞了，不敢说话。"

这时，小孩子小声地冲父亲的朋友说："叔叔，能帮我剥开吗？"

第三，要鼓励孩子多进行人际交往，但必须让他事先有充分的准备，并采取由易到难的交际方式。

无论在什么场合，如果孩子事先已经做好了各种准备，知道将要面对的情况，他就不会那么紧张、焦虑和不安，害羞情绪也会减少许多。正如美国学者梅阿利·罗斯巴德所说："只要不让孩子突然遭遇未知事物而受过强刺激，而是让他们在松弛状态下接触新事物，孩子就会自然适应。"

比如带孩子参加聚会，应该事先告诉他要到哪里去、要去干什么、最好能先让孩子结识一下要见的人；陌生客人到访，可以先告诉孩子会来多少客人、客人来后孩子应该怎样打招呼；安排打招呼的次序，应由熟人开始。如果在学校需要公开发言或演讲，可以事先在家里对孩子多加辅导和演练，让孩子熟悉整个的程序，减少临场的慌乱与失误。

同时，也要让孩子知道，社交沟通的形式有很多，友好地望着对方微笑、点头、挥手等行为都是交际方式的一种，鼓励孩子先选择以最简单的方式开始，由易到难地掌握其中的技巧，比如可以先教他挥手、说"HELLO"等来示意，但不应反复提醒。

第四，大多数孩子的害羞是有选择的。在安排孩子增加社会交往时，要选择好对象，要注意使孩子能从中体会到与人交往的愉快。

带孩子去做客时，要选择那些态度和蔼、容易亲近的亲戚朋友；在安排孩子与其它的小朋友一起活动时，要选择比他年龄小、攻击性不强的孩子；在安排孩子参加集体营地活动时，要选择人数较少的场次，这样可以有效地避免孩子在活动中经受惊吓、挫折、拘束、不安全等不良心理体验。

如果您想对害羞心理有更详细的了解，建议找菲力普·津巴多博士的著作《害羞心理学》（Shyness: What It Is, What to Do About It）读一下。但无论如何，只要有意识地让孩子在交往中找到良好的自我感觉，相信随着体验的积累，他就会变得不那么害羞了。

43

避雷针效应：
孩子被欺负，家长忌包办

必要的时候，父母也可以陪伴孩子去解决问题，但切记一定要让孩子自己处理，父母不能包办代替。

但凡为人父母者，看到孩子从外面哭着回来，含泪说"有人欺负我"的时候，心里都会有些不舒服。这时怎么办呢？

从定义上说，欺负（bullying）是一种特殊类型的攻击性行为，可归属为攻击行为的一个子集。目前，研究者普遍采用英国哥德斯密斯学院的史密斯教授对欺负所作的界定，即欺负是力量相对较强的一方在未受激惹的情况下对较弱的一方重复进行的攻击。

显然，听之任之是不可取的。孩子之间的纠纷，在大人眼中可能是小事一桩，但却可能影响孩子的一生。因为欺负就是矛盾的升级，它通常以微不足道的方式开始，并且愈演愈烈。研究发现，长期受人欺负的孩子会产生心理障碍，他们往往会变得抑郁、沮丧，甚至认为自己毫无用处。

找对方的家长或直接插手惩罚欺负孩子的人呢？也都是不可取的——既不利于解决问题，还可能对孩子的心理造成不良影响。找对方家长或直接插手，无疑是在暗示孩子，犯了错可以由家长承担。孩子有了这种观念后，容易产生对父母的依赖心理，失去独立性，而且养成不辨是非的习惯。

妈妈训斥儿子："你和最好的朋友打架，你难道不害羞吗？"

儿子委屈地回答："他先用石头扔我的。"

妈妈很生气："他用石头扔你时，你该马上回来告诉我。"

儿子回答说："那有什么用？我扔得比你准。"

就把孩子当孩子

218

我们大家都看到过避雷针，在心理学上，有一个**"避雷针效应"**（Lightning rod effect），就是用来形容只有疏导和调节情绪，才能冷静正确地做出各种决策。

在孩子受了别人欺负的时候，我们做父母的就要做孩子的"避雷针"，发挥疏通和引导的作用，使孩子学会正确处理这一类问题。

小学阶段的孩子，正在学习如何和伙伴通过竞争或合作来达到交际目标。这是他的必经阶段。通过竞争和合作，孩子会领悟到人与人的互相牵引和影响，并努力建构自己的社交圈子。孩子对交际的判断只是靠一些短期情感影响，变化很大，今天发生冲突，明天又可以是好朋友，所以没有必要大动干戈。

孩子在冲突中"被欺负"，首先要设法让孩子平静下来，问清事情的来龙去脉，帮助他弄清楚究竟是"谁错了"。在这一过程中，不要先入为主地认为：既然是孩子受了欺负，那么一定是对方的责任。其实，有些冲突恰恰是最后受了"委屈"的孩子挑起的。

如果孩子受到"欺负"是他自己引起的，要先告诉他，对方打人是不对的，不能做"打人的孩子"，但同时也要你指出他自己也有不对的地方，告诉他以后应该怎么做。

如果主要的责任在对方，一定要根据情况的严重程度，告诉孩子正确的解决方式。孩子不能去伤害别人，但也不能一味承受别人的伤害。过于忍让，不利于孩子的身心健康发展。

如果冲突不严重，只是口角之争，要鼓励孩子自己去和对方交涉，培养孩子独立处理事情的能力，让他懂得如何维护自己应有的"权利"。比如，鼓励孩子对欺负人的孩子说"我不喜欢你这样做""你再这样，我就不客气了"等等。

如果冲突严重到皮肉受苦，可以先对孩子表示安慰，让他觉得自己并不孤立，然后告诉他，以后再有人这样欺负你，应该勇敢维护自己的权益。

要告诉孩子，受欺负的时候，流泪只会让欺负他的人更加肆无忌惮，甚至变本加厉。学会镇定自若地面对嘲笑、捉弄，反而会让对方自讨没趣。

告诉孩子，仅仅对恃强欺弱的人视而不见，还不一定有效果。因为有些人会连续纠缠。这时，应该勇敢、理直气壮地训斥他的行为。

如果孩子由于性格懦弱或别的原因不敢反击，可以和孩子在家里轮流扮演欺负与被欺负的角色，教他学会斥责想欺负他的人，绝不能低着头或怯生生地吞吞吐吐。必要的时候，父母也可以陪伴孩子去解决问题，但切记一定要让孩子自己处理，父母不能包办代替。

此外，可以寻求老师和学校的支持。这样做，可以让孩子意识到受人欺负时需要主动还击，但并非一定以牙还牙，而应该让主持"公道"的人去管。孩子接受这些观念，能够提高他的自立能力和规则意识，对他将来如何在一个有规范、秩序的社会中为人处事，也是很有帮助的。

　　总而言之，当孩子受到欺负时，父母应该会让孩子学会自我保护，勇敢地向欺负他的孩子表明自己的态度：我不是软弱可欺的。

　　同时，也要注意不能矫枉过正。有些父母为了避免孩子被欺负，往往会鼓励孩子的攻击行为，甚至夸奖孩子"全班的同学都怕他"或"谁都敢打"。有位妈妈为"自己的女儿打遍天下，无论是男孩还是女孩都敢打"而自豪。但实际上，这不仅无法让他在同伴中获得尊重，恐怕还会引起更严重的问题。因为害怕并不意味着尊重，让孩子获得别人尊敬的最好方法，是教会他尊重别人。

　　从长期来看，为了提高孩子在交往圈中的地位，可以教孩子几个"绝活"。因为多数孩子往往崇拜能力比自己强的人，对于这样的同伴，他们比较少产生欺负的动机。因此，在业余时间教孩子一些技能，如折纸、变魔术等，有助于他们"震慑"住喜欢欺负人的同伴。

44

链状效应：
孩子交上了"坏朋友"怎么办？

长篇的说教，远不如让事实说话来得有效。

俗话说"近朱者赤，近墨者黑"，在心理学上这种现象被称为"链状效应"，它是指人在成长中的相互影响以及环境对人的影响。

每位家长都希望自己的孩子能和好孩子交朋友，在良好的圈子里学到更多的东西。然而，孩子到底交什么样的朋友，却不是我们所能左右的，这也是很多家长所头痛的事情。

作为一个独立的个体，孩子有选择朋友的自由。由孩子自己选择，并在交朋友的实践中摸索经验，对他会有什么影响呢？

美国心理学家纽科姆（Newcomb）曾在密执安大学做过一项实验，实验对象是 17 名大学生。实验者为他们免费提供住宿 4 个月，交换条件是要求他们定期接受谈话和测验。

在被试进入宿舍前，先测定他们关于政治、经济、审美、社会福利等方面的态度和价值观，以及他们的人格特征。然后，将那些态度、价值观和人格特征相似和不相似的学生，混合安排在几个房间里一起生活 4 个月。4 个月后，定期测定他们对一些问题的看法和态度，并让他们相互评定室内人，喜欢谁不喜欢谁。

实验结果表明，在这些学生相处的初期，空间距离的邻近决定人际之间的吸引。但是到了后期，相互吸引的动力发生了变化，态度和价值观越相似的学生，相互吸引力越强。而且，只要对方和自己的态度相似，哪怕在其它方面有缺陷，同样也会产生很大吸引力。

这个实验说明，学生在交往中受到态度观点相似的人的吸引，而不注重对方的其它方面。伊索有一句名言："对一个尚未成熟的少年来讲，坏的伙伴比好的老师起的作用要大得多。"可见朋友对孩子的影响有多大。

由于孩子的心智发展不成熟以及社会经验的欠缺，孩子辨别是非的能力是比较弱的，父母不应该替孩子决定与什么人交往，但是有责任教给孩子交往的原则和方法。

特别是男孩子，好动爱玩，很容易和那些爱打架的同学交朋友并模仿他们的行为，认为那是威风是勇敢。久而久之，无故旷课、夜不归家、抽烟、酗酒、打架骂街都有可能发生。出现这种情况，要主动介入，帮助孩子提高辨别能力。

所谓的介入，并不是要气急败坏地谴责孩子，也不是一味"棒打友谊"，强制孩子与那些"坏朋友"割席绝交。而先要通过和孩子聊天、与老师沟通、约孩子的朋友到家里来玩等方式，了解一下那些"坏朋友"的具体情况，特别是他们为什么会吸引你的孩子，从而有的放矢地采取措施。

举个成功的案例来说吧。

曾经有一位父亲发现儿子的手指有烟熏的痕迹，再三追问才知道，原来儿子与一个小"烟民"交上了朋友，逐渐由一个"旁观者"发展成吞云吐雾的"实践者"。父亲多次讲解吸烟危害，甚至"动武"要他与小"烟民"保持距离，可儿子仍然与其藕断丝连。

后来，父亲和孩子的舅舅说起了这件事。舅舅在医院工作，很快就带这个孩子参观了医院的呼吸科病房，从窗外看着病人咳嗽不断、呼吸困难的样子，孩子顿感惊诧与恐惧。舅舅只告诉孩子一句话：这些人患病的原因很多都是吸烟引起的。从此，孩子再也不与小"烟民"来往了。

长篇的说教，远不如让事实说话来得有效。你的孩子不是崇拜那个男孩儿会"拳脚"么，那就带他去看真正的武术训练，甚至可以让他参加一些武术训练班。我相信，当他见识到真正的功夫后，恐怕再也不会对那个男孩儿的花架子有什么崇拜，自然也就疏远他了。

此外，有些家长以成绩好坏作为给孩子定下的交友标准，也是值得商榷的。

诚然，与成绩好的学生交友会有利于提高成绩，但若所有父母都以此来干涉孩子交友，您的孩子相对于更优秀的学生也是"差生"，跟他交往自然会影响人家的成绩，人家怎么会跟他交朋友呢？

45

早恋现象：
不要干涉，要八卦

孩子开始对异性产生好感并进行交往，这实际上是标志孩子在成长。

就把孩子当孩子

早恋，也有叫作青春期恋爱，指的是未成年男女建立恋爱关系或对异性感兴趣。在中国，一般指18岁以下的青少年之间发生的爱情，特别是在校的中小学生为多。

　　其实，"早恋"这个词，本来就是中国人创造出来的，带有长辈一方的否定性感情色彩。在西方文化中并没有这个概念。严格来说，这个词只是用来压制孩子的一个经不起推敲的理由。

　　对于孩子来说，在学习、生活上遇到问题的时候，他们更愿意跟同龄人倾诉。有个比较谈得来的异性朋友对他们来说，是一件非常自然和值得开心的事情，而到了青春期以后，他们对异性产生兴趣是很自然的事情。

　　但是一些父母不了解孩子的特点，只要男女生经常在一起，就先入为主地认为是"早恋"会影响学习成绩，就要采取"专政"，要么恫吓威胁，要么全面管制。然而，这样做只能适得其反。

　　首先，压制打击只会使问题变得更加糟糕。

　　您的女儿与一个男同学联系密切，可能只是一种友情和朦胧的好感。而她受到的高压，反而有可能使她真的把这种友情当作是爱情。

　　原因很简单，青春期的孩子因为好奇心和个性的互补，在与异性交往中获得友谊和满足感。但一旦这种交往受到外部干涉甚至明确反对，认知出现了不平衡，只好把内在的情感因素升级，以解释双方的交往，使自己的认知重新处于平衡状态。这时，孩子就可能把满足感解释为双方的"爱"，从而误认为自己已经坠入爱河。

其次，高压政策有可能会适得其反。

美国社会心理学家布莱姆在一个实验中，分别让被试面临 A 与 B 两个选项。在低压力条件下，另一个人告诉他："我们选择的是 A 项。"在高压力条件下，另一个人告诉他："我认为我们两个人都应该选择 A 项。"

结果发现，低压力条件下，被试实际选择 A 项的比例为 70%，而在高压力条件下，只有 40% 的被试选择 A 项。

由此可见，无论是什么选择，在自愿条件下，人们会倾向于增加对这个选择的好感；反之，在被强迫的时候，便会降低对选择对象的好感。

包括孩子在内，每个人都愿意对自己的行为拥有控制权，而不喜欢有人限制他们的自由。当自由受到限制时，他们会采取对抗的方式来保持自由，消除不舒服的感觉。

你强迫自己的女儿与那男同学断绝关系，可能使孩子从本身还比较理智的状态变成不理智，触发子女和父母的一场战争，她在高度的心理抗拒之下，会倾向于做出相反的选择，不但不放弃，还会增加对对方的依恋程度。

早在 1972 年，美国心理学家德瑞斯科（R. Driscoll）曾经调查了 91 对夫妇和相恋 8 个月的 41 对恋人，发现父母干涉程度越高，恋人之间的关系反而更紧密。他们借用莎士比亚的戏剧名，把这种现象称为"罗密欧与朱丽叶效应"

（the Romeo and Juliet effect）。

正确的做法是先冷静下来，不要说与男生交往一定会影响学习，或者对方有多么糟糕。如果这样告诉孩子，势必会使她的内心承受分裂性的痛苦。毕竟，孩子开始对异性产生好感并进行交往，这实际上标志孩子在成长。

然后，可以通过交流，帮助孩子分清对人的好感、友情、爱情和婚姻都是各不相同的事情，可以提醒她，爱情不仅会使女生在学习上退步，也会使男生的行为像个傻子，这都是为爱情让路。

新闻报道、电影片段甚至是广告，都可以引出这方面话题。稍微留意一下，就可以随时拈出这些例子，找到机会与他们讨论如何定义一段健康的恋爱关系，要向他们指出虚拟时空和现实世界不同的地方，并讨论不同的原因以及不同的后果。

2006 年诺贝尔文学奖得主土耳其作家奥罕·帕慕克（Orhan Pamuk），曾经向人们讲起过自己的一段"早恋"经历。在这个经历中，我们可以看到一位父亲如何成功处理这个问题。

奥罕·帕慕克年少时在一所私立学校上学，与一位叫依丝米忒的女孩陷入了情网。

他的异常举止，使父亲察觉到儿子一定有了心上人。但是父亲并未急于"棒打鸳鸯"，而是挑选了一个晚上单独与帕慕克进行了交流。父亲直言不讳地问道："告诉爸爸，你喜欢的那个女孩子叫什么？"

帕慕克怔了片刻，随即交代了整件事。父亲听了后说："还是到此为止吧，听爸爸的话。"

帕慕克辩解："爸爸，是她主动……"

"奥罕，你还太小。"

帕慕克反抓住了父亲当年只有17岁就和妈妈恋爱的把柄，并得意地等着父亲妥协："太小？爸爸，我已经是19岁的男子汉了，而你当年只有17岁不就和妈妈相爱了？"

"你说的没错。可是你知道吗？我17岁时已经在葡萄酒作坊当酿酒师了，每月能拿二万里拉。我是说，我当时已经能够为爱情埋单。你现在一个里拉都挣不到，凭什么心安理得地谈恋爱？"

帕慕克一声不吭。父亲继续说："奥罕，你想想看，一个男人，如果没有经济基础，不能为他的爱人提供必要的物质保障，如果你是女孩，你会怎么看待这样的男人？儿子，我告诉你，我一直认为，一个男人，如果不能自食其力，哪怕他40岁甚至50岁，都不配谈恋爱，谈了，就是早恋……相反，只要他立业了，有了挣钱养家的本事，哪怕15岁恋爱也不算早恋。"

成名后的他多次提起当年这件事，并坦言感谢父亲当年"温柔地扼杀了一种愚蠢而羞赧的情绪"，让自己没有虚度青春年华。

就把孩子当孩子

父母有责任帮助孩子把握交往的对象，并教会孩子处理这种关系的具体策略。孩子如果交了一个家庭和睦、学习好的孩子，双方交往可能对学习还有促进作用。

但如果孩子交了不爱学习的朋友，无一例外，学习都变得退步起来。可以先了解一下："有人开始追求我女儿了，做妈妈的很高兴，但是我不清楚他是个什么样的人，你是怎么来处理这种情感的？"出于对父母的依赖和取得谅解的考虑，相信孩子不会隐瞒双方的交往。

可以鼓励孩子在学校多交往，多交流学习上的问题。因为在学校有老师，孩子之间相互聊聊天，缓解一下学习的压力，有一点亲密感，实际上是有益于学习的。如果放学后男孩再相约活动的话，可以了解一下活动的地点场合，保证孩子的安全。

46

心理断乳：
孩子为什么会成为"啃老族"？

父母独立意识的缺乏，或者说对孩子的依赖意识，培养
了孩子对父母的依赖意识。

邻居家有个儿子，大学毕业一年多了，却不上班，长期住在父母这儿，吃用都是拿父母的。父母对此很焦虑，知道不是长久之计，但是却无计可施。这种情况，就是典型的"啃老"。

说到"啃老"，其实并非中国独有。在法国，1998年就已经出现了"袋鼠族"的说法。在美国，根据哈佛大学住房研究联合中心（Joint Center for Housing Studies）发布的调查报告显示，截至2001年，约有400万年龄在25至34岁的年轻人仍与父母住在一起。

有一个笑话形容了这些人的心态。有一对白领夫妻工作没几个月就辞职把家还。他的朋友问他们："回去咋办？"丈夫回答："啃老。"朋友再问："将来生了孩子谁养？"

妻子说："老的养。"

朋友继续追问："老的过世了咋办？"

丈夫和妻子对视一眼，齐声回答："啃小。"

这股遍及世界的"啃老"潮流之所以产生，大家首先想到的自然是经济的发展，使父母拥有充裕的经济能力和相对宽敞的住房，可以让子女来"啃"。但是从心理学的角度来看，"心理断乳"障碍却是最关键的因素。

一个人的成熟，需要经过两次断乳：第一次是生理上脱离对母乳的依赖；第二次则是摆脱家庭的照管和扶持，成为一名独立的社会成员。后一种脱离被称为**"心理断乳"**。它不像实际断乳那样有明显的界限，具体时间可从童年期一直延续到成年期。

在目前中国的很多家庭里，尽管孩子与母亲的连接脐带一出生就已切断，但是孩子与父母间的那根心理"脐带"却长期存在，结果让双方成了心理上的"连体人"，彼此的权利与责任界限模糊，变成"我就是你，你就是我，我的就是你的，你的就是我的"。

这样导致的后果，就是"周瑜打黄盖，一个愿打，一个愿挨"：一方面，父母认为自己一生的努力目标就是孩子的幸福，心甘情愿被"啃"；另一方面，孩子心安理得地"啃老"，视之为理所当然。这就是出现"心理断乳"障碍的根本原因。

严格来说，出现这种障碍，父母应该要负相当一部分责任：是他们独立意识的缺乏，或者说对孩子的依赖意识，培养了孩子对父母的依赖意识。"啃老"，也就成为顺理成章的结局。

英国剑桥大学社会心理学家、《成熟的神话》一书作者特里·阿普特（Terri Apter）指出，欧洲的研究表明，获得父母大力支持的年轻人往往更加乐观、更有抱负，在事业选择上更大胆。但是，如果父母给予了太多的支持，最后的结果也许是子女们依赖成性，觉得一切都是应该的，最终父母只能是毁了自己的退休计划。

要解决"啃老"问题，必须要两代人共同进行心理自救

就把孩子当孩子

和互救。

　　首先，父母要通过自我心理调整，真正切断与孩子之间的心理脐带。即使亲情再浓，他们与孩子也是彼此独立的，父母的责任是有限的，义务也是有限的，能力更是有限的。中国古人说：儿孙自有儿孙福，莫与儿孙做马牛。说的就是这个道理。

　　其次，孩子长大成人了，身为父母就不要再扮演强者和保护者的角色，而应该让孩子意识到父母并非无所不能，而且正在变成弱者和被保护者。必须实实在在地把孩子当大人对待，实际上他已经长大成人了。你得给予他自由，鼓励他独立。只有这样，才能促进孩子的心灵成长，使其成为强者。但是同时，父母也不要把一切希望寄托在孩子身上，而应该独立安排好自己的生活。

　　在这个心理调整过程中，最痛苦的一环莫过于拒绝，即明确而坚决地拒绝孩子的经济要求。当然，拒绝对孩子的补助可以逐步进行，但每一步都要坚决。只有如此，才是自救互救之道，促进孩子自食其力。

　　对孩子来说，啃老的实质是害怕心理"断乳"。心理"断乳"也许痛苦，但却无法逃避。为此，必须调整认识，知道人首先是生存，然后才是发展，自己养活自己已经是最大的成功。要勇于挑战自我，从而激发自立的潜能。

　　在这个过程中，父母可以把自己的奋斗历程给孩子谈谈。虽然，今天的父母可能是成功富有的，但他们也是先读书，然后好不容易找到工作，手头十分拮据，入不敷出。必须让孩子知道：所有人都要经历这样的过程。

在让孩子独立的具体方式上，父母可以鼓励孩子逐步前进，帮助他们行动起来。比如说，马上和孩子一起制定一份计划，明确他们如何实现自己的人生理想，同时怎样赚钱，什么时候开始独立生活。如果给孩子经济帮助，那么这必须当作一笔投资来要求，而投资必须要求有计划有步骤地达到目标。

再比如说，要求孩子从承担家务开始做起，让他们分担做饭、打扫房间等家务；然后，让他们走出家门帮助做一些力所能及的事情。接下来，鼓励他们尝试一些短期的工作，并进一步谋求比较理想的长期工作。在这个过程中，每一步小成功都会不断自我强化，使孩子在自立的路上一步一步地走下去。

47

禁果效应：
如何对孩子进行性教育？

医院里每一个怀孕流产的少女背后，都有一对因拒绝教育而使孩子不知如何保护自己的父母。

在孩子成长的过程中，他们会问许多或琐碎或严肃的问题。在这些问题中，最让父母感到棘手的无非是两个话题：性和死亡。

跟孩子谈性可能很困难，但这很重要，因为这是孩子健康成长的必要一课。在今天，网络已经普及，性的话题在网络和电视等媒体中也经常出现，但是媒体传播的信息未必适合孩子接受。从父母和学校那里获得正确的性教育，是孩子应享受的权利。

孩子对性问题的兴趣，绝不是在他看限制级影片之前才萌发的。严格说，当孩子一出生刚刚吃奶时，性教育就已经开始了，并且在此后洗澡、换衣服的过程中持续。有研究指出，孩子学会爬行后不久，他就注意到了生殖器的存在。

在2~3岁之间，孩子会经历一个特别关注性征的好奇阶段。他们会提出许多这方面的问题，比如男孩跟女孩的区别、为什么男孩站着小便而女孩却蹲着感到不解，他们甚至会好奇如果小鸡鸡没有了会怎么样。

对这些问题，只需要在合适而且比较自然的机会，用事实来回答。可以讲讲人体构造和男女两性身材构造上的差别，并给予孩子们一些美学教导。要让孩子明白，正是生殖器官结构上的不同，长大后女孩子可以生宝宝，而男孩子却不行。另外，还得让孩子相信，他的小鸡鸡不可能自己掉下来。

如果父母对性和裸体抱有清晰和健康的态度，那么孩子的这类问题很容易回答。如果家里既有男孩与有女孩，或者孩子能看到异性的孩子如何上厕所和洗澡，那他的好奇心就容易得到满足，不再满腹疑惑。

要知道，孩子们一方面无比缺少这方面的学问，另一方面却又对此十分好奇。假如没有准确渠道取得这些学问，他们就会去寻觅其余道路，从而轻易误入邪路。

在心理学上，有一个**"禁果效应"**。"禁果"一词来源于《圣经》，讲的是夏娃被神秘的智慧树上的禁果所吸引，偷吃了禁果，后来被贬到人间。这种禁果所引起的逆反心理，称之为"禁果效应"。

说到性，荷兰可谓声名远播，地球人都知道阿姆斯特丹有红灯区和合法的色情交易。不过官方数字显示，荷兰未成年少女怀孕率是 5.3‰，为欧洲最低的国家之一。堕胎率和性病率，荷兰也是很低的。

相比之下，英国的少女怀孕率比荷兰高出近 400％，而堕胎率会更高。这种差距，相当程度来自于对性采取的态度和教育措施。

回答孩子的问题要简明扼要，他们问什么你就答什么，没有必要提供更多的细节。否则他们可能通过支离破碎的信息，拼凑想象出一幅可笑的场景。

如果你含糊地告诉他，他是爸爸在妈妈肚子里种下一颗种子才出生的，那么他可能会找来葫芦种子，要求妈妈给生一个葫芦娃。父母需要主动地问孩子一些问题，以发现孩子认识上的误区并加以纠正。

第五部分

6岁的孩子说要娶隔壁小姑娘,父亲半开玩笑地问他:"你们认真地考虑过了吗?"

孩子:"当然!"

父亲又问:"怎么去上学?"

孩子回答:"我们都有自己的自行车。"

他耐心地解答了父亲的所有问题,最后父亲问儿子:"结婚了有孩子怎么办?"

孩子轻松地回答说:"我们暂时不打算要孩子。如果她下了蛋,我就把它踩碎!"

有些父母会和您一样,对给孩子解释性与生殖感到犹豫,担心孩子再也无法像以前那样"单纯"了。但是性知识对于孩子来说非常重要,而且只要多回答几次这类问题,就会渐渐习惯。孩子会时不时地问一些很尖锐的问题,不要企图用道德的说教来说服他们,要采用开放的态度进行沟通。

在欧美国家,父母会给孩子避孕的教育,父亲甚至在男孩约会前为他准备避孕套。但在中国的文化背景下,这样做需要慎重,会给孩子带来很大的心理冲突和压力。

但是,女孩子的父母却一定要告诉她这方面的知识,开诚布公地讨论性病和怀孕的可能,教会孩子如何说不和何时应该说不。这并不是一个碰运气的游戏。医院里每一个怀孕流产的少女背后,都有一对因拒绝教育而使孩子不知如何保护自己的父母。

很重要的一点，不要忘了向孩子解释爱在性关系中的作用。否则，任务就只完成了一半。**著名的心理学家斯腾伯格曾经提出"爱情三元理论"，三元指的便是"亲密""激情""承诺"，缺一不可。**

亲密成分（intimacy），指能促进亲近、连属、结合等体验，并能引起温暖体验的情感，体现为双方互相理解并高度关注，相互提供情感支持，期望为其改善生活福利。激情成分（passion）或称"情欲成分"，指引起我们浪漫体验、体态吸引、性等等驱动力。

而决定 / 承诺成分（decision / commitment）有两层含义：在短期方面，是指一个人做出了爱另一个人的决定；在长期方面，是指那些为了维持爱情关系而做出的承诺或担保，也就是我们常说的山盟海誓。

因此，父母要教会孩子全面认识什么是"爱"，以及如何约束自己。要告诉他们，只有当心灵和身体各个部位都做好了准备，而不只是私处准备好了就可以进行性关系。一位移民美国的中国母亲，记述了美国学校对孩子进行性教育的一课，对我们很有启发意义：

年轻女教师在黑板上写了一个大大的"SEX"，然后面带微笑地问学生："同学们，当你们看到'性'这个字时，你们想到了什么？"

孩子们继续无所顾忌地发言，女教师不停地在黑板上写着："做爱、姿势、流产、接吻、性感……"教室安静下来后，女教师皱着眉头说："你们说了这么多，唯独漏掉了一个与'性'有千丝万缕联系的东西……"

在孩子们窃窃私语地猜测时，女教师转过身，一言不发地在黑板上用力写下了"LOVE"。她说："爱情"是两性之间最圣洁最崇高的感情，缺少爱情的"性"是没有灵魂的躯壳！"性"是要以"爱"为前提的。生活中的早孕、堕胎、性病等，往往是由不负责任的性行为导致的……

刚才还嬉皮笑脸的孩子都变得庄重起来，女教师接着告诉孩子们，性爱没有下流之说，也没有罪恶性，它是自然的、美妙的，但中学生过早涉足性生活对身体和学习都不利，发生意外妊娠和堕胎是十分痛苦的。

最后，女教师播放了一张介绍避孕方式的盘片，孩子们看得格外认真，那种专注的神情就像在看一幅数学三维图。

就把孩子当孩子

242

棘轮效应：
要不要从小培养孩子的理财习惯？

小孩子养成良好的理财习惯，并不需要多强的数学能力。
他们只需要理解那些基本但很重要的概念就行了。

在这个世界上，金钱不是万能的，但没有钱是万万不能的。

这句话虽然语近调侃，但反映的却是我们和孩子都需要面对的现实。不过，并不是每一位父母都能意识到孩子理智花钱的好处。说起来，这方面的能力，真的可以帮孩子避免很多高昂代价呢。

前几年一度流行的一句口号"再穷不能穷教育，再苦不能苦孩子"，相信被不少人当成向孩子敞开钱包的理由。只要孩子说一声"要"，父母就能给他们买到，这并不是一件好事。不过，无论我们拥有多少财富，一定要让孩子明白应该怎样看待和使用金钱。

我们可以用钱给他们买食品和漂亮的衣服，但无法用钱买到有关钱的智慧，这需要付出时间和耐心。

经常有父母问，到底什么时候应该让孩子接触金钱观念呢？研究表明，其实孩子 3 岁时就能学点钱的知识了。还有学者的答案是：当小孩会说"给我"这个词的时候就可以开始教了。

孩子越早接触金钱观念，就越能在长大后比其它孩子有金钱责任。美国威斯康星大学麦迪逊分校的教授凯伦·霍顿指出：小孩子养成良好的理财习惯，并不需要多强的数学能力。他们只需要理解那些基本但很重要的概念就行了。

从孩子出生时，金钱就已经与他们扯上关系。当孩子看见父母为各种项目付费，并且开始用钱在报摊或便利店进行消费，就已经模糊地了解了金钱的力量，它能满足生活上的一切需要。

反而是父母经常忽略这一点，误认为金钱观念就是讨论投资和储蓄等等，或者认为不让孩子接触金钱观念，可以使他们更专注于学习。其实这种态度不过是在逃避问题。

对一个孩子来说，他需要从小知道金钱观念包括 4 个方面：收入、支出、财产与负债。

我们都知道洛克菲勒，因为这是美国财富的标志。尽管这个家族富甲天下，但从未放松对孩子的教育：

小洛克菲勒有 5 个孩子，从 7 岁开始，每周只可以领到 3 角钱"津贴"，但必须还要分成 3 部分：自己花、储蓄、施舍。每当孩子领津贴的时候，小洛克菲勒还会给他们发一个小账本，让他们用来记载每一分钱的用途和时间，因为每项开支都要有理由。周末进行检查，如果哪个孩子漏记了一笔账，就罚他五分钱。而记录无误的那个则可以得到 5 分钱的奖励。

把每个消费项目做记录，这其实就是预算消费的起步。孩子一般喜欢模仿父母，开始时，可以让他观察大人怎样把消费项目一笔笔地记录下来。

俗话说："喊破嗓子，不如做出样子。"一个好榜样是至关重要的，如果父母没有金钱纪律，孩子就不可能会有金钱观念。同样的道理，若父母没养成消费的预算习惯，孩子不可能会做同样的事情。

在消费心理学中，有一个著名的"**棘轮效应**"：它是指人的消费习惯一旦形成就具有不可逆性，而且很容易向上调整，不容易向下调整。特别是在短时间内，即使收入水平下降，消费是不可逆的，其习惯效应非常大。

明白了这一点，也就知道了何以要教孩子学习区分需求、欲望和愿望，为未来明智消费观念做准备。

在今天这个消费时代，铺天盖地的广告鼓吹消费带来的愉悦感，会影响孩子们的消费观，如果孩子只懂得如何花钱，很容易使他们花钱大手大脚。如果出现这苗头，也怪不得学校，因为学校即使教理论，也无法让孩子从实践中认识。

在给孩子日常的零用钱时，必须对用钱的项目加以明确，并说明对消费项目的标准和衡量，而且孩子也要认同这些项目和标准。比如说好是用于午餐钱和车费，但如果发现他不吃午餐或者走路回家，就需要了解他想把省下来的钱用于何处。

孩子如果有其它消费要求，也需要量入为出，有所规范。特别是一些大笔的消费开支，必须和父母商量。如果得到认同，可以支付全部或部分费用。在孩子要用自己的零用钱和储蓄进行支付时，也要要求他必须有适当合理的安排，比如说购买 iPad 或名牌包是否合理。

富兰克林·罗斯福是美国历史上唯一连任 4 届的总统。他不仅治国有略，而且教子有方。在钱财的支配上，他绝不让孩子放任自流。

有一次，他的一个儿子在一次旅行中买了匹好马，却没有了回程的路费，便打电话要求父亲帮助。父亲回答说："你和你的马游泳回来吧！"最后，儿子只能卖掉马，买票回家。从此，他记住了不能无计划用钱的道理。

对于不必要的消费，不要告诉孩子付不起钱，而一定要提醒孩子权衡它的价值。如果你告诉孩子你买不起，那么下次孩子看见你买其它贵重的非必需品时，就会困惑。

可以从定期给孩子的零用钱或者节日收到的红包中，强行扣下一部分用于存款，从先期的强迫到孩子自愿，每次都存一部分，帮孩子树立起将可支配收入分成储蓄和消费两项进行管理的理财理念。注意不要拒绝孩子需要支取部分存款的需求——这样可能导致他们再没兴趣存钱。

要告诉孩子理财相对于消费的意义。你可以解释和演示存钱能赚取利息的过程。让孩子在银行开个户口，存一些钱进去，然后通过计算利息，来认识钱在复利的基础上能快速积累。

可以尝试让孩子记一些自己要达到的财务目标，帮助培养他们的独立性。孩子自己做出的消费决策无论是否合理，都能从中受益。几乎每个玩具都能成为他们所努力的目标。

有个故事说，一位神父到了天堂，发现天堂的一隅堆积了各式各样的礼物，从豪宅名车到钻石，应有尽有。神父问："这些礼物为什么没有主人？"

圣彼得答："因为人们祈求了，上帝也应许了，可是人们往往等不及就改了愿望，于是这些礼物也就永远送不出去。"

没有目标的孩子很少能达成所愿，而有了目标又动辄改变的孩子，结果也好不到哪里去。

在孩子足够大的情况下，禁止他申办信用卡反而可能激起他的逆反心理，可以为他申办一张信用卡副卡（主卡当然由父母持有，主卡可限制副卡的消费金额），以培养孩子先消费后还款的理财理念。

当然，你也可以告诉孩子你做了哪些投资，告诉他什么叫"资产配置，分散风险"，比如你买黄金和房地产并在银行有定期存款，为了让资产更安全。也可以向他解释投资股票的好处，以及股票是如何运作的，甚至可以让他参观一下你买卖股票的操作。

另外，在孩子的理财课堂中，不可缺少义务与慈善的元素。在体验理财的同时，也能让孩子学习承担社会责任。

财富如水。如果是一杯水，可以独自享用；如果是一桶水，你可与家人分享；但如果是一条河，就必须要学会与人分享。告诉孩子税收是怎么回事，我们为什么要纳税；教他每年一次性或是按月捐献出一笔资金到慈善项目中。

如果你的孩子对数字特别敏感，并且对投资了解得比你还清楚，那么，为什么不考虑把他培养成下一个索罗斯呢？

49

自我呈现：
要禁止孩子在网上交友吗？

一旦他们在网上塑造了一个理想的形象，那么现实中的自己显然就相形见绌。但这是一件促使他们进步的好事情。

担心孩子因为上网而影响学习或身体，是很多家长的共同忧虑。不让上吧，在今天的这个网络时代似乎有点说不过去；让他上吧，往往因为喜欢上网聊天交友，自己难以控制上网的时间，严重的甚至会影响学习和健康。

孩子有着天然的、自发的积极探索外部世界的心理倾向。面对新事物——上网，他们当然是趋之若鹜。上网聊天、交友、网恋无疑是他们获得理解的最好方式。而他们的心理不成熟，对一些不健康的网站和游戏常常抱着好奇心去看，结果一发而不可收拾，并且会沉溺其中难以自拔。

但是，虽然网络上存在着不良因素，但我们并不能因此就把孩子上网当成洪水猛兽，即使是喜欢上网聊天也有其有益的一面。上网给孩子带来的好处，已经被心理学研究所证明。

美国加州大学的心理学家阿德瑞娜·马纳戈，通过研究现在流行的社交网站 Facebook 和 MySpace 发现：青少年用户在网上会明显美化自己，不过随后在生活中他们也会努力变得更好。

阿德瑞娜认为，**多数人竭力使自己在网上显得更加光彩照人，比如放上用 Photoshop 等软件修饰过的照片，夸大自己的成功等等。由于社交网站可以"切掉"所有多余的东西，创造完美的形象，青少年所固有的自我欣赏和一定程度的自恋情结，在虚拟世界中得以膨胀。**

从心理学上来看，人本能地美化自己，进行"自我呈现"，这没什么不寻常的。然而，网络的普及把自我包装推到了一个全新的水平。特别是对于青少年来说，虚拟世界可能极大地动摇青年人对自己的评价，因为他们会本能地比较自己和周围的人。一旦他们在网上塑造了一个理想的形象，那么现实中的自己显然就相形见绌。不过，这却是一件促进他们进步的好事情。

加州大学洛杉矶分校心理学教授帕特里夏·格林菲尔德，在《应用发展心理学杂志》上的一篇文章中指出，在互联网上生活的青少年，网络成为他们自我发展的工具。

英国一家调查公司"互联经历"首席执行官保罗·哈德森说：

孩子们对互联网有一种强烈的情感依赖，这一事实通常被认为有负面影响，但事实上对于这一代大部分社交生活在网络上开展的人来说，这再自然不过了。就好比如果年长的人不能用电话，他们也会感到难过和孤独。

虚拟世界创造的新的理想的人，可能很快就会开始影响现实中的人。由于心智的可塑性，青少年会下意识地向网络创造的形象靠近，按照网络创造的形象成长：他们尽力提高自己的成就，甚至做整容手术以符合网上修饰过的照片，在网上吹嘘过的事情，他们也可能在生活中实现。总之，互联网也能培养人，造就人。

有一句流行的话叫：在互联网上，没有人知道你是一条狗。换一个角度来看，一条狗也会在互联网上表现得像一个成功的绅士，进而在生活中也努力向这个方向表现。

由于学习压力大，精神长期紧张，孩子在现实生活中人际交往经常出现障碍与困惑，处于一种生理和心理苦恼期，精神长期受压抑需要一条途径加以宣泄。而上网无疑是较为理想的途径。

互联网对孩子来说也并非完全有弊无益，我们不应该完全限制孩子上网，而是应该进行有效的引导和管理，鼓励孩子通过网络寻求更多有利于自己成长的方式。只要合理引导和控制，完全可以让网络成为孩子成长的助力。

至于怎么引导和管理，你只要上网查一下，就可以找到很多网络防护工具。这些工具，完全可以让你有办法监督孩子上网内容，控制孩子的上网时间。这是家长的责任。

我们绝不应该剥夺孩子从网上获得信息、朋友和快乐的权利。再说了，孩子正处于容易产生逆反心理的时期，不让他在家上网，他也许就会用自己或朋友的手机上网，再不行，他就会跑到网吧去。在今天这个网络时代，又怎么能长久地把孩子与网络相隔离呢？我的建议是，把互联网都看作是孩子的一种食物，只需要控制好"数字卡路里"的摄入量，别让孩子吃过量就是了。

50

Google 效应：
怎样避免孩子过度依赖网络信息？

过分依赖从搜索引擎获取答案，可能会让记忆力生锈，也就意味着大脑得不到应有的开发。

两千多年前，古希腊哲学家苏格拉底曾经告诫人类，通讯交流方面的技术进步，对人类的记忆力有负面影响。两千多年后，久负盛名的《科学》杂志最新研究表明，Google等搜索引擎对人的记忆力是有害的。

在一个实验中，使用 Google 并相信他们搜寻的内容能够储存下来的被试，比起那些认为搜寻的条目可以删除并不可再获得的被试，在回忆这些条目方面表现要糟糕。换句话说，因为 Google 为人们提供了一个轻松获取信息的方法，人们在从 Google 采购智力时往往漫不经心，甚至告诉他们记住那些搜寻的条目时也是如此。

于是，人们把 Google 等搜索引擎对记忆的这种影响，称为"**Google 效应**"。

研究人员说，"Google 效应"并不总是负面的。搜索引擎的出现和发展，是人类记忆的一种自适应性使用。计算机和网络，成为我们的外部记忆系统，随时从中采集有用的信息，可以解放人类有限的注意力，以用于更多的发明创造。

然而，对于人类特别是孩子来说，如果过分依赖从搜索引擎获取答案，在记忆方面会表现得不够勤奋。那么"Google 效应"就可能会让记忆力生锈，也就意味着大脑得不到应有的开发。

为了改善这方面的影响，可以用以下的几个方式来加以补偿。

第一，保证孩子充足的睡眠。科学家已经发现，睡眠可以帮助巩固记忆，将记忆存进大脑以便我们日后取回。现在，新的研究表明睡眠同样可以重组记忆，挑选出情感的细节并将记忆重新配置，从而帮人们产生新的创意。

第二，保证孩子大脑的营养补充。人的大脑中50%~60%都是脂肪，它们使神经细胞隔离开来，神经细胞隔离得好，工作得更快。所以，给孩子补充富含大脑需要的脂肪和其它营养的食物，对他们的记忆力非常有用。这些食物包括鱼（特别是沙丁鱼，大鱼和野生鲑鱼），还有水果和蔬菜。

鸡蛋是比较理想的早餐，鸡蛋富含维生素 B，可以帮助神经细胞消化葡萄糖和抗氧化剂保护神经系统，其中所含的脂肪酸帮助神经细胞在最佳的速度上工作。

第三种方法，也是最直接的办法，那就是随时清除浏览器的缓存。在上述的实验研究中，如果告诉被试需要删除 Google 搜寻信息，被试的表现明显优于那些认为信息可以储存下来的被试。可以让孩子关闭浏览器的历史记录功能，或者禁用预测搜寻功能，因为这让孩子意识到，以后要找到这些信息会难上加难。

除了对记忆力的影响之外，因为网上的信息无处不包，搜索引擎快捷简便，使孩子可以直接使用分门别类封装好的信息，而不需要自己研究和思考找到答案。

当一篇有点深度的文章摆在面前，无论它多么有价值，孩子都会抱怨说它"没有用"，因为对他们来说，"有用"

的是那些针对具体问题的信息。长久下去的话，孩子必然会思维惰怠，失去不少思考和记忆能力。

在这方面，父母只需要经常让孩子离开网络和快餐读物，阅读一些有挑战性的书——能集中注意力并且刺激智慧思维的书。

这类书不仅能改变孩子对世界的看法，并且其中严谨文雅的思考和表达方式，也会让孩子受益匪浅，而且它对大脑的刺激和开发，也远远超过任何一篇网络小说。

第六部分

对孩子的真正教育是自我教育，
真正的控制是自我控制

51

100% 理论：
为什么孩子会丢三落四？

父母的这种"勤劳"，实际上正是懒惰——懒得培养孩
子自理的能力。

就把孩子当孩子

曾经有一位朋友向我抱怨说，他的儿子已经上小学二年级了，却总是丢三落四。每次等到写错了，才发现没有准备橡皮；铅笔折断了，才发现没有准备削笔刀，一会儿拿这个一会儿拿那个。

　　一旦做起作业来，也是经常不按照顺序做，也不写题号，根本弄不清是哪道题，所以有些题经常会做错或漏做。有时候，甚至完全不知道老师都布置了些什么作业。

　　这个孩子的问题，归根结底是条理性比较差。我不知他在生活中是否也是这样丢三落四，不懂得安排和规划。如果真是如此的话，做父母的就要好好反思一下了。

　　没错，需要反思的其实是父母。有问题孩子就有问题父母，孩子做事没有条理，往往是父母一手包打天下造成的。在孩子还小的时候，做起事情来肯定会笨拙混乱而且没有条理，这时父母往往缺乏耐心，觉得与其让孩子做事，搞得乱七八糟的，还不如直接帮孩子做更省时省力。

　　父母太主动，凡事亲力亲为，包办代替，过度"操心"，不给孩子主动打理的机会，这种"越俎代庖"导致了孩子的依赖性，使孩子失去主动性。父母的这种"勤劳"，实际上正是懒惰——懒得培养孩子自理的能力。

　　有些孩子都上学好几年了，父母仍然是每天吃什么、喝什么都给他准备好，甚至连刷牙时的牙膏也给他挤好了。上学前把书包、用具全准备好了，直接替他背着送到学校，书包里装什么，恐怕孩子自己都不知道。

这种包办代替恰恰剥夺了孩子锻炼的机会，时间一长，孩子养成了依赖的习惯，不愿意主动做事、想事，惰性越来越强，在做事时何谈规划和条理性呢？

对孩子，不能只着眼于做作业这一件事情。这样做只是头痛医头，脚痛医脚，很难有根本的改观。要在生活中的各方面放手，要让孩子自己学着照顾自己，自己安排自己的生活和学习。就像有句话说的：汉字是教不全的，但查字典的方法是可以学会的。

父母不要手太勤，忍不住帮孩子去做，要学着做一个懒妈妈，甚至可以让孩子适当帮父母做点家务，这样孩子就会慢慢变得能干起来，条理性也会越来越好。

在西方国家的家庭里，父母普遍都重视从小培养孩子的自理能力。父母从孩子小时候就让他们认识劳动的价值，让孩子自己动手修理、装配摩托车，到外边参加劳动。即使是富家子弟，也要自谋生路。农民家庭要孩子分担家里的割草、粉刷房屋、简单木工修理等活计。此外，还要外出当杂工，出卖体力，如夏天替人推割草机，冬天帮人铲雪，秋天帮人扫落叶等。

有位农场主，叫孩子每个假期都在牧场上辛苦工作。有朋友对他说："你不需要让孩子如此辛苦，农作物一样会长得很好的。"牧场主人回答说："我不是在培养农作物，我是在培养我的孩子。"

在心理学上有一个"**100% 理论**"，是说如果所有事都是妈妈做了，孩子就不用做了，如果父母有20%不做，孩子就能完成20%，如果我们要80%不能做，孩子就能做80%，孩子的潜力也能爆发80%。

如果大人都帮孩子做了，孩子的成长机会实际上就被父母剥夺了，孩子的潜力就一点也发挥不出来了。授之以鱼，不如授之以渔，在孩子做事的过程中，父母可以适当指导孩子做事的顺序和条理，比如教会孩子先做什么，后做什么，要事先准备好什么等。

有一个母亲这样介绍自己的经验：

虽然她每次返校时我和她爸爸都会有些担心什么事情她忘了，又要我们跑一趟，但我们不会帮她收拾东西，只叮嘱她一句：好好想想，把东西都带全了。这样坚持一段时间下来，她就很少丢三落四的了，自己能把该带的东西都收拾妥当。我看她专门弄了个小本，把要做的事一样样记下来，临走前再翻一次，看看有没有什么事情没做。

中国有句俗话叫作"一法通，万法通"，当孩子在吃饭睡觉、刷牙洗脸这些小事儿上变得有条理了以后，做作业丢三落四的缺点肯定也会慢慢克服的。

英国教育家史宾塞建议，把要教给孩子的东西分类，比如品格、习惯、健康、语言学习、运算等，然后拟定一个每周的小计划，一周实施一点，日积月累就会看到成效。

史宾塞的儿子快到上学的年龄，表现得很散漫，所以史宾塞决定，从整理自己的衣物开始，在家里开展一个比赛，看谁把自己的衣服洗得干净，收拾得有秩序。

刚开始的一两天，儿子很有兴趣，但是过了几天他又不愿去做，于是，史宾塞又在家里挂了一个小黑板，每天把做得好和不好的人名都写上，这下子，小史宾塞又来劲了。

三个月下来，小史宾塞对衣物的干净和整洁，由兴趣变成了习惯，一个生活习惯良好的孩子，身心也在培养的过程中得到修炼。

52

社会抑制效应：
为什么孩子上课不爱举手发言？

当孩子的某种活动能够进行得比较熟练时，就可以鼓励
她大胆在人前显示一番。

孩子上学以后，上课不爱举手发言，有上台表演的机会也不爱参与，不像一些小朋友喜欢表现自己。对这样的问题，家长其实不必过于"敏感"，而要理性地认识这个问题。

首先，每个小朋友的性格都不同，感兴趣的东西也不同，他有喜欢表现的，当然也有他不爱表现的，不爱表现并不说明信心不足，更不是有什么问题。

其次，孩子在课堂上不爱表现，可是在别的方面表现却可能很大方，从心理学的角度来说，这是受到了"社会促进"和"社会抑制"的双重作用。

1898年，美国社会心理学家特里普利特（M. Triplett）以一群自行车选手为研究对象，让被试在三种情境下，骑自行车完成25公里路程。第一种是单独骑行计时，结果表明，单独计时情境下，平均时速为24英里；有人跑步陪同，平均时速为31英里；而与其它骑车人同时骑行，平均时速为32.5英里。

在有别人在场时活动效率比单独活动时更高，这就是所谓的"**社会促进效应**"。它的心理机制是，别人的表现和动作可以转换为自己的外界刺激，从而引起自己相似的心理反应和动作表现。

在日常活动中，相信许多人都有过这样的体会：独自一人吃饭没滋味，几个人一起吃饭就会感觉香甜满口、食欲大增；几个人一起骑车也会感觉比单独骑车速度快，且省力多；一群人看世界杯，叫喊的音量更大，频次更多……

不过，心理学家在后续的研究中发现，在很多情况下社会促进现象并未发生，恰恰相反，当别人在场时反而会抑制个体的表现，使其表现水平下降。

　　1920 年，社会心理学家奥尔波特让 9 名被试者在不与别人竞争的正常情况下，对内容相同的短文写出反驳意见。结果发现：从完成作业的速度上看，有 6 个人在一起做时比个人单独做时要快，3 个人在单独做时速度更快；而从完成的质量上看，所有的人单独做都比一起做得更好。

　　于是，他给这种现象起一个与"社会促进现象"相对的名词：**社会抑制现象**。此后 J. F. 达希尔在 1930 年发现，在有观众在场时，被试进行乘法运算会出现许多差错。J. 皮森在 1933 年发现，在完成记忆工作时上，有旁观者在场会降低被试的表现。

　　后续的实验发现，背诵诗歌、写作文、做数学题的时候，还是单独一个人效果好一些。如果和别人一起做，或者做的时候旁人盯着看，反而会感到心慌意乱，从而降低活动效率。

　　那么，为什么在有人在场时活动效率有时增高，而有时却会下降呢？或者就如你关心的，为什么孩子唱歌跳舞时爱表现，而上语文课时却不爱表现了呢？

　　社会心理学家发现，如果任务对一个人来说是相对简单和常规性的任务，那么他的操作会更快、更精确。但如果是相对复杂的、需要高度集中注意力的工作，别人的出现可能会对表现产生消极影响。

从另一个角度说，人们从事的任何一种活动，总有熟练的地方，也总有不熟练的地方。如果熟练的成份占优势，那么社会促进作用就表现为活动效率的提高；反之，如果不熟练的成份占优势，就表现为效率的降低。

孩子对一个舞蹈练得很熟练了，那么在有人在场的时候，她会受到鼓舞，从而极力表现自己，结果越跳越好。

但是，如果在语文学习中，她对一些课文掌握得半生不熟，那么当老师要求她读或背时，她就会觉得尴尬、着急、紧张，而越是这样，手和脑子就越不听使唤，平时略想一想就能回忆起来的词，这时也会想不起来，就是勉强还记得的篇幅，也因为紧张而结结巴巴了。

基于上面的情况，我们可以学会利用社会促进效应的好处，同时克服它的副作用。当孩子的某种活动能够进行得比较熟练时，就可以让她大胆在人前显示一番，这样可以帮助她进一步提高活动的效率和水平，同时培养起她的信心。

如果某些项目觉得还不熟练，那就且不要强制她像其它同学那样表现，与其逼她"献丑"打击自信心，不如帮助她先独自埋头学习，把基本功打好。

53

最后通牒效应：
孩子做事拖拉怎么办？

和一个磨蹭的孩子说"快点吧"，就像对一个抑郁症患者说"你必须高兴起来"一样，是没有任何意义的。

现实生活中，有不少爱磨蹭的孩子。

他们一点都不知道时间的重要性，每天早上起来不急着穿衣服、刷牙、洗脸，以至于上学经常迟到；吃饭时也是如此，如果家长不催的话，都能吃一个多小时。写作业时也是如此，一会儿喝水，一会儿玩橡皮，20分钟的作业拖一个多小时还不能完成……

在这样的情景剧中，扮演配角的家长总是习惯性地一遍一遍地提醒和催促："该写作业了。""到练琴时间了，别看电视了！""快洗澡了！"但是，和一个磨蹭的孩子说"快点吧"，就像对一个抑郁症患者说"你必须高兴起来"一样，是没有任何意义的。

孩子做事爱磨蹭，通常的原因，一是因为他们的时间概念比较模糊，不像我们成人那样具有时间紧迫感。他并不知道，如果把一件事尽快做完之后会有什么好处，也不认为自己慢有什么不好的；二是因为，他们的神经类型往往属于安静而缓慢型，即便是有强烈的外界刺激也是慢条斯理，紧张不起来。

另外，做事爱磨蹭还有一个原因，就是他不喜欢要做的事情。孩子一般是做喜欢的事动作快，做不喜欢的事就动作慢。如果孩子对一些事情不感兴趣，但是大人强迫或是催促着去做，那就只有做慢一点，磨时间了。

替孩子安排任务和时间，孩子当然不用自己操心去安排时间完成任务了。相应地，如果想让孩子成为时间的主人，你就让孩子自己安排时间，如果你想让孩子成为时间的奴隶，那你就一分一分地替孩子安排时间。

美国麻省理工学院斯隆管理学院的学者丹·艾瑞里（Dan Ariely）和克劳斯·韦坦布洛克（Klaus Wertenbroch）针对麻省该学院3个班的学生，进行了一项拖延问题的研究，可能对我们有点启发。

在研究中，学生都要在12周内完成3篇论文。不过，第一个班的学生被要求在第4周、第8周和第12周分3次各提交一篇论文，迟交会被罚分。第二个班的学生不需要分次提交，但是3篇论文都需要在第12周一齐提交。第三个班的学生，被要求自行设定每篇论文的交卷期限，一经确定就不准更改，而且迟交也会被罚分。

这三个班，你预料哪一个班的表现最好呢？

结果表明：被限定三个交卷时间的第一个班成绩最好；只有一个最后期限的那个班成绩最差；而自己设定三个交卷期限的成绩在二者之间。

由此可见，要帮助孩子克服磨蹭的习惯，必须确保有一个最后期限。不规定期限就容易磨蹭，规定了最后期限就容易按期完成，人们把最后通牒的这种敦促作用，叫作"**最后通牒效应**"。

此外，最好把较大的任务分割为几项较小的任务，并分别为它们设定最后期限。如果孩子发现任务的"最后一刻"总是出现在"眼下"，那么他就会有动力提高自己的效率。

德国明斯特大学的心理学家雷德·瑞斯特指出，原则上每个人生来就是一个磨蹭的人，磨蹭程度仅仅取决于痛苦的界限，这是一种"避免——避免——冲突"模式。他和恩贝尔丁提出，3个模块可能会帮助学生摆脱磨蹭的习惯——准时开始、合理安排和"学习约束"的方法。

这种方法一共有5个步骤，前面两个都是教学生为自己设定一个正确的时刻，然后在这个时刻准时行动。"合理安排"可以避免高估自己的能力。很多人相信，他们能在短得多的时间里把一件事办成。

"学习约束"让学生们的学习时间范围别太广。一开始每天至少得有20分钟时间，在那之前和之后不允许学习。只有当他们严格遵守这个范围，才能在下一天把范围扩大。恩贝尔丁说："喜欢拖延的人总是想，再过一会儿也来得及。他们这样想的时候，就在浪费时间。"

使用最后通牒效应，有几种相对具体的策略。

第一，立即停止法。

有些孩子做事磨蹭成习惯了，每天都要很晚才能完成作业，睡眠时间被占用，导致第二天上课没有精神，降低了学习效率。

可以给孩子确定一个作业完成的最后时间，比如规定孩子9点钟必须睡觉。到了晚上9点，即使作业还没有完成，也立即停下来上床睡觉。作业没完成自然会受老师的批评，明白了这一规则和后果，孩子就会抓紧时间完成了。

第二，闹钟督促法。

针对做作业磨蹭的情况，可以利用闹钟。每天根据孩子的作业总量和孩子做作业的效率，帮孩子估算出做作业需要的时间，然后让他在写作业之前先上闹钟。闹钟既是一种督促，同时可以让孩子在定闹钟学习的过程中体验到成功感，不再把作业当作帮父母完成的任务，学习更加自觉。

第三、把作业当成考试。

要求孩子按有关考试的要求做完作业，并且判定分数。在每次做作业前，要求他计算一下所需要的时间，将闹钟上好弦，将作业所需要的用具准备齐全，就像考试一样。这样不仅可以改变磨蹭的习惯，而且可以激发了学习兴趣，可谓一举两得。

最后一点，就是一定要记住，当孩子做事磨蹭的时候少催促，多鼓励。有很多父母喜欢在孩子身后不停地催促。结果，越是催促，孩子的注意力和自信心都受到影响，动作也就越慢，家长就更生气，催促得更凶，形成恶性循环。

对于孩子的不良习惯，切不可把改善的标准定得过高过严格，并且一开始就硬性，半点也不通融，这样容易形成双方的尖锐冲突，并不利于孩子改正。

正确的做法，应该是在孩子慢的时候装作看不见，故意淡化它，同时实时鼓励孩子快的表现。孩子一旦比平时速度快，即刻表扬。比如："今天穿衣服比昨天快多了！""今天作业速度比昨天快了 5 分钟。""今天收拾书包比昨天快多了。"

在孩子改进做事习惯的过程中，父母要关注并提一些建议，和孩子多讨论，以便他的计划能够更可行更科学。如果他坚持3个月以上，一定能成为一个做事有效率的人。至少，在全学校喜欢磨蹭的同学里，他也许会成为效率最高的一个。

54

善意嫉妒：
孩子嫉妒别人时该批评吗？

孩子的嫉妒往往是无意识的，还没有形成稳固的习惯，它是孩子想胜过别人但又不知道怎样采取正确方法的结果。

有一次，一位朋友给我讲了这样一件事。

他带儿子到同事家玩，到了以后，儿子就和同事家的小弟弟到院子里玩皮球，回来时，这位朋友批评儿子说："你身上怎么那么脏？你看弟弟的衣服干净多了。"儿子很不高兴地"哦"了一声。同事给他们每人一根巧克力冰淇淋，结果这位朋友发现，自己的儿子吃完后，趁那家的小弟弟不注意，悄悄用沾着巧克力的手在他身上摸了几下。

吃完饭后，小弟弟拿出一本故事书，却掉在了地上，朋友儿子不但没有帮他捡起来，反而装作没看到，走过时在上面踩了一脚。书被踩脏了，小弟弟哭起来。

这位朋友对儿子的状态很担心，不知是出了什么问题。其实很简单，这是孩子的嫉妒心在作祟。

嫉妒心经常会和好胜心纠结在一起。不过，好胜心是要求进步、不落人后的一种心理，人人都有好胜心，这是可以理解的。但是嫉妒心不是单纯的好胜心，嫉妒是发现自己在某些方面不如别人，从而产生的一种由羞愧、恼怒、怨恨等组成的复杂情绪状态，常与羡慕、竞争等心理混在一起，就是人们经常说的"羡慕嫉妒恨"。

古埃及有这么一则寓言。

小鸟儿问："爸爸，人幸福吗？"

鸟爸爸答："没咱们幸福。"

小鸟儿问："为什么？"

就把孩子当孩子

鸟爸爸答："因为人心里扎了根刺，这根刺无时不在折磨着他们。"

　　小鸟儿问："这刺叫什么？"

　　鸟爸爸答："叫嫉妒。"

　　在三国时，孙刘联盟打了一场赤壁之战，周瑜和诸葛亮连手抗曹，但是在整个合作过程中，周瑜嫉妒诸葛亮，时刻都想干掉这位"神得近乎妖"的军师。后来周瑜屡次输给诸葛亮，羞愤成疾，在临终时大呼"既生瑜，何生亮"！后来，人们便把相互嫉妒的心理现象称为"瑜亮情节"。

　　其实，嫉妒也分不同的种类。荷兰蒂尔堡大学的心理学家尼尔斯·范德温（Neils van de Ven）、马塞尔·泽兰伯格（Marcel Zeelenberg）和瑞克·皮特斯（Rik Pieters）对嫉妒问题进行研究，发现嫉妒可分为两种：善意的和恶意的。

　　善意的嫉妒就好像你听说纳尔逊·曼德拉得了诺贝尔和平奖，然后决定向他学习，改善自己的品性；而恶意的嫉妒，差不多就像你去参加同学聚会，然后发现你高中时不屑一顾的那个小屁孩现在是个老板，收入是你的 100 倍，你恨不能让他倾家荡产。

　　人们知道恶意嫉妒是不被社会所接受的负面情绪，一般不会直接表露出来，但可能与其它情绪混合在一起。它显露出来的行为是挑剔或散布不良言论。严重者可能还出现人身攻击、诬陷、诽谤，使被嫉妒者感到压力或痛苦，而嫉妒者则以此求得心理平衡和满足。

据美国儿童心理学家斯坦贝格的研究，嫉妒感可能最早出现在学步前的婴儿期。长大到学龄前的五六岁时，嫉妒会更频繁地升上心头。至于上学以后，由于和小朋友进行多种"比较"的机会骤然增多，他们可能会遭到更多的嫉妒的折磨，只是随着年龄的增长，渐渐学会"掩饰"自己的嫉妒感。不过，绝大多数 10 岁以下的孩子，仍会表现出较明显的嫉妒情绪。

针对孩子的嫉妒心理，斯坦贝格建议，当孩子显露出其"丑陋"的一面时，不必严加批评指责，更不能冷嘲热讽，因为这只能使他更多地丧失自我，更严重地陷于嫉妒中难以自拔。

孩子的嫉妒往往是无意识的，还没有形成稳固的习惯，它是孩子想胜过别人但又不知道怎样采取正确方法的结果，家长要善于理解孩子这一心理特点，与孩子平静地交流，询问引起他嫉妒的"背景"，引导他理清自己的想法并观察到自己的情绪。

倾听的时候，不妨把孩子抱在怀中。他也许会描绘说，他正体验着强烈的不快甚至愤怒，而这种敌对情绪的起因仅是由于他的一位弟弟刚刚因为没弄脏衣服而得到表扬。这时你不要说："其实你比他更乖更聪明"，这在多数情况下不仅于事无补，而且还可能诱发他的攀比欲。

其实，孩子妒火中烧的时候，最需要的是向亲人将自己的不安和烦躁和盘托出，希望有人能倾听他的诉说，并理解他、体谅他。你不必加以评论，可以轻松地说："呀！我还以为有什么大不了的事哩！"你的轻松和微笑可以有效地使孩子控制住自己的嫉妒心，缓和他强烈的情绪。

或许，孩子时不时冒出的嫉妒心很难被扑灭。但正如上文所讲，你可以把恶意的嫉妒转化为善意的嫉妒，转化为激励他前进的动力。

孩子因为得不到表扬而破坏弟弟的形象和物品，这时可以对他说：我知道你也想干干净净得到妈妈的表扬，如果你稍微注意一下，同样可以做得很好，既能玩得高兴，又不能把衣服弄脏。只要做到这一点，我就表扬你；你把弟弟的衣服弄脏了，不会得到妈妈的表扬，如果你现在把弄脏弟弟衣服的地方再变干净，妈妈就会表扬你。

当孩子意识到错误并加以改正后，自然也就不会因弄脏衣服而引发一系列不愉快了。这个办法，是釜底抽薪的策略。

除了上面几点，家长也要以身作则。有研究指出，生活在充满嫉妒心的家庭里的孩子，嫉妒心也往往比较强。作为父母，切不可在同事加薪或者升职时，出于嫉妒而在家里对他们冷嘲热讽甚或恶语中伤。这些看在孩子眼里，就是一个坏榜样。连古人批评这种做法是"闻人善，辄疑之；闻不善，辄信之，此满腹杀机也！"

特别是当孩子说同学获得什么奖励、取得什么成绩，家长不要立即批评自己的孩子不聪明不努力，也不要吹毛求疵地找出那个同学的不足来平衡孩子心理，而是要先鼓励孩子接纳和欣赏别人，并用某种方式为别人喝彩、祝福。教孩子能"闻人之善"进而"成人之美"，是使其融入社会的一个重要方法。

55

从众心理：
为什么孩子不会独立思考？

孩子的未来成就甚至生命质量，都依赖于他的思考和决策的质量。

在这个世界上，每个人都在思考，但并不总是善于思考。人云亦云，从众跟风，没有个人的主见，归根结底就是缺乏独立思考的能力。这种现象，在思维能力尚不发达的孩子当中，尤其多见。

每次看到有孩子人云亦云的时候，我都会想起一则笑话。

在一所国际学校里，老师给各国的学生出了一道题："请你们就世界粮食紧缺问题谈一谈个人看法？"美国学生问："请问什么是紧缺？"埃塞俄比亚学生问："请问什么是粮食？"中国学生则问："请问什么是个人看法？"

这则让人笑不起来的"笑话"，的确发人深省。

那些没有主见的孩子，像极了故事中的中国学生。他们虽然还没有机会"抬驴进城"，却早已成了思想上的矮子。矮人看戏何曾见，都是随人说短长。

那么，又是什么原因，使我们孩子失去独立思考的能力，没有任何"个人看法"了呢？

首先是今天的教育体制，以应试为目标、以考试成绩作为衡量学生的唯一标准，它存在的最大问题，就是不承认独立思考。原因很简单，只要是考试就要有标准答案，只要与标准答案不符，即使学生答得再有创造性，也不可能得高分。

从报纸上看到一则小故事，说的是法国有个教育代表团到北京的一所小学考察。他们偶然看到，考试卷中有这样一个问题："雪融化了以后是什么？"

其中一个学生的答案是："雪融化了以后是美丽的春天。"

但是，这个答案却被老师判了个大大的"×"。

雪融化了以后变成水是科学的结论，也是标准答案。但是，雪融化了以后是美丽的春天却是哲学的感悟。孩子以哲思来挑战标准答案时，这种独立思考的精神遇到的却是当头一棒。如果再多捱这样几棒，孩子还有什么独立思考能力呢？恐怕连独立思考的习惯也丢掉了。

但是，孩子的未来成就甚至生命质量，都依赖于他的思考和决策的质量。在今天的教育之下，独立思考却成了他们无缘享受的奢侈品。网上有句俏皮话，叫作"精神病人思维广，弱智儿童欢乐多"。它说的其实就是现实：独立思考经常被人误会，而不做思考只背答案，反而可能轻松得多。

有人会说：没有考试那怎么行？

他可能不知道，芬兰的孩子只在 16 岁时有一次强制的标准化考试，但是 66% 能升入大学，比例是全欧洲最高的。而且，从 2001 年开始，在每年的国际标准化考察中，他们在科学、阅读和数学上都达到或非常接近最高标准。

第二就是父母过于强势和大包大揽，导致孩子没有思考的机会和空间。有很多父母抱怨自己的孩子没有主见和软弱，但是他们没有反思，在生活中给了孩子多少思考和决策的空间呢？

很多父母在日常生活中，对孩子的口头禅是："你这样不行！""我说的话没错，你得听我的！"他们认为，帮助孩子想问题做决策，包办一切事情，目的是为了给孩子做出正确的选择，省得他们走弯路。但是人生的路终归要让他们自己去走，弯路是一定会走的，只有自己做出选择，他才能学会更聪明地决策。

这里的区别，就好比是在外吃快餐和做饭。父母提供的决策就像是快餐，孩子只需要坐下用餐，什么都不管就可以吃饱。它的优点在于简单方便，但是孩子并没有从中得到多少营养。

而让孩子自己拿主意并决策，就像是在家做饭一样。他必须花时间努力学习烹饪、准备材料、清洗餐具，但是一旦做好，不仅质量高，他还可以掌握烹饪技巧。

毋庸置疑，拥有独立思考能力的孩子将来更易生存。但是这种能力是无法教授的，必须由他自己在实践和练习中获得。

导致孩子没有主见的第三个原因，是社会压力会导致从众心理。当孩子受到群体的影响时，就会怀疑和改变自己的观点，违心地和他人保持一致。

1951 年，美国心理学家所罗门·阿希（Solomon E. Asch）让一些大学生做被试，告诉他们实验的目的是研究人的视觉情况的。

来参加实验的大学生单个走进实验室，发现已经有 5 个人先坐在那里了。他不知道，这 5 个人是实验中的"桩脚"，也就是所谓的"托儿"。

阿希拿出一张画有一条竖线的卡片，然后让大家比较这条线和另一张卡片上的 3 条线中的哪一条线等长。判断共进行了 18 次。这些线条的长短差异很明显，正常人是很容易做出正确判断的。然而，在两次正常判断之后，5 个"桩脚"故意异口同声地说出一个错误答案。于是，许多真被试开始迷惑了。他们会如何判断呢？

从总体结果看，平均有 33% 的人判断是从众的，有 76% 的人至少做了一次从众的判断。而在正常的情况下，人们判断错的可能性还不到 1%。

研究发现，影响从众的最重要的因素，是持某种意见的人数多少，而不是这个意见本身。人多本身就有说服力，很少有人会在众口一词的情况下坚持自己的不同意见。我们生活中经常说"群众的眼睛是雪亮的""木秀于林，风必摧之""出头的椽子先烂"，其实这些教条，恰恰导致孩子丧失独立思考能力，制造了一个巨大的"羊群"。

李杜文章万古传，如今已觉不新鲜。法国儿童心理学家让·皮亚杰说："教育的目的在于培养可以创造新事物的人，而非重复上一辈已经做过的事，这些人应该具备创造力、开拓性，并善于发现。"

举凡做了一番成就的人，无一不是成熟的独立思考者。

他们不会简单地接受标准的答案，而是无时无刻不在独立深入地思考、质疑和提炼。要让孩子有独立思考的能力，有自己的主见，就必须教给孩子推理思考，而不仅仅是简单的答案。

在参与孩子的决策时，不要一手包办。有时候，大人未必比孩子更聪明，也未必比孩子更明白面对的情势。对于孩子的正确意见，父母应该肯定和表扬，让孩子增强发表意见的信心。即使孩子的意见是错误的，父母也不要急于插嘴，而应让他说完，然后再说"我觉得这样不太好，因为……"

即使有时孩子的想法是天真的、幼稚的甚至可笑的。但是，聪明的父母会在这些不成熟的想法里，引导孩子发现其中的问题，使他们尝到独立思考的乐趣。

在日常生活或游戏中，孩子遇到什么问题，这时，父母要耐心，不要马上帮孩子解决问题，而是应该鼓励孩子自己去思考，让孩子去体验思考的乐趣。

如果孩子实在想不出来，可以给孩子一点提示，然后鼓励孩子多方面地去尝试，孩子自己想出办法，会有一种成就感，这会让孩子终身受益。如果父母不知道问题的答案，就直接告诉孩子。这可以激发孩子的好奇心，并以自己独有的方式，去寻找问题的答案。

从现在起，让你的孩子做一个独立思考、头脑清晰、思维敏捷的人，他一定能给自己创造一个机会无限的世界。

56

21 天法则：
怎样帮助孩子控制小动作?

我们要像拆散绳子那样，巧妙而耐心地帮助孩子克服小动作。

孩子上学以后，不少家长发现，孩子写作业时总是东摸西碰，一会儿玩橡皮，一会儿吃铅笔，要么咬手指，而且写一会儿就起来溜跶一圈，到外摸摸看看。一句话，就是小动作特别多。

小动作多有多种原因，其中分为生理性和心理性。我们要正确区分这两者，对症下药。

生理性原因，活泼好动是孩子们的天性，活泼的孩子才是健康的孩子。他们正处在身体快速成长的时期，骨骼和肌肉的耐力都比较弱，而神经系统兴奋强于抑制，表现为活泼好动、精力充沛。在这种情况下，出现小动作是再所难免的。

不过，随着年龄的增长、自我控制能力的增强，这种活泼好动将逐渐趋于平稳，所以不必如临大敌。

从心理性成因来说，小学生年龄小，注意力不稳定、不持久，无意注意占优势，有意注意在发展之中。而且，他们经常会因为学习的压力或者环境的变化，产生焦虑、紧张的情况，这时如果手中有东西把玩，会有一种安全感。

出于紧张情绪，孩子自己控制不了小动作。而孩子在课堂上给别的同学捣乱，因为他想唤起别人的注意，缓解紧张的情绪。时间久了，自然会对这种动作产生心理依赖。

因为孩子的控制力比成人差，对于这些小动作往往是情不自禁。所以"打骂"和"说理"都解决不了这个问题。在生活实践中，一些性子急的父母，见孩子学习时有小动作，可能马上会大喝一声："放下！要专心！"结果会怎么样呢？

家长若盯着孩子，他就忍耐着，等家长一离开，他的小动作可能更严重！

"你今天是怎么了？这么半天老摆弄它干什么？"父亲说着，从儿子手里夺过通知书，翻阅起来。上面有老师写的批语："在课堂上射弹弓，往同学的衣袋里装虫子……请家长来谈一谈。"

父亲跳起来向儿子怒吼："你在学校里小动作这么多，长大会成个什么人啊？"

"爸爸，这不是我的通知书，是我从您的旧箱子里找到的。"

这位健忘的爸爸之所以"怒吼"，估计是想一刀断除孩子的小动作。但这是根本不可能的。

解决的有效办法是训练。因为孩子的一切能力都是训练出来的，也都是可以通过训练得到提升的。

著名教育家曼恩说："习惯仿佛一根缆绳，我们每天给它缠上一股新索，要不了多久，它就会变得牢不可破。"这个比喻非常形象。小动作如果开了头，每重复一次，绳子就会粗上一些，要改掉就更加困难了。而反过来，我们要像拆散绳子一样，巧妙而耐心地帮助孩子克服小动作。

在训练之时，要允许孩子有适度的小动作，并鼓励他慢慢减少。这就和开车一个道理，想要把车停下，最好的办法

第六部分

先把档从高速档减到低速档，然后才能慢慢停下。

据研究，大脑构筑一条新的神经通道需要 21 天时间。所以，人的行为暗示，经 21 天以上的重复会形成习惯，而 90 天以上的重复，会形成稳定的习惯。

第一阶段：1~7 天，必须不时提醒孩子注意改变，并刻意要求改正小动作。因为稍一不留意，毛病就会浮出水面，让他又回到从前。也许他会感到很不自然和不舒服，然而这种感觉是正常的。

第二阶段：7~21 天，孩子已经觉得比较自然、比较舒服了，但不可大意，一不留神坏毛病还会再来破坏，让他回到从前。所以，要继续刻意提醒和要求他。

第三阶段：21~90 天，这一阶段是习惯的稳定期，它会使新习惯成为孩子生命的一部分。在这个阶段，他已经不必刻意要求自己改变坏毛病。

对孩子真正的教育是自我教育，真正的控制是自我控制。只有通过训练，调动起孩子的自信心和自控力，他才能发自内心地愿意接受建议。

需要注意的是，在孩子做作业的过程中，如果遇到不会做的题目喜欢拿去问父母，问完之后再接着写作业，再写的时候就需要反应半天，自己刚才写到哪儿了。刚坐下没多久又遇到不会做的题目了，又拿去问。这样来来回回折腾，其实不仅打断孩子做题和写作业的思维，而且影响孩子专心程度，小动作自然就多！

最好能教孩子如何调换顺序做题，遇到不会做的题目，可以先做其它的题目，最后再做不会的题目，这样就可以节省时间，也不会打断孩子的思路。

　　另外，要多给孩子贴"正向标签"，及时指出孩子做的好的一面，比如："今天注意力比昨天集中多了，玩东西的次数少了。""今天又有进步，在做数学作业时，我看到足足有 20 分钟一直在认真做题，一点小动作也没有。"

　　正面挖掘，这样会激发孩子做得更好的动力。相信只要方法得当，孩子一定会变成一个沉着稳健和注意力集中的宝贝。这不仅能帮他完成写作业的任务，而且能让他在以后的日子里受益无穷。

57

自我中心：
孩子不爱分享就是自私吗？

三四岁的孩子是不懂得分享，而不是不愿意分享，这不是个道德问题，而是个认识问题。

现在，很多家长在教育孩子的时候，都很注重人格的培养。但是同时他们也发现，孩子似乎反其道而行，不懂得分享，别的小孩来家里玩，就明确告诉人家："这些是我的玩具，你不许玩！"有的家长就批评孩子"自私"。

可是，"自私"这样一顶关乎道德的大帽子抛出来，只恐怕小小的孩子是顶不起。

首先来说，对于一个两三岁的孩子，"自私"是正常现象，甚至是通向"分享"的必经之路，他们必须经由心智成长的历程，才能逐渐领悟、学会"分享"。

在孩子道德发展的研究方面，法国心理学家皮亚杰（Jean Piaget）是一位有突出贡献的先驱。**通过类似的大量实证研究，皮亚杰发现儿童道德判断能力的发展，与其认识能力的发展是互相对应和平衡发展的关系，这种认识能力是在与他人和社会的关系之中得到发展的。**

他还概括出一条儿童道德认知发展的总规律：儿童的道德发展大致分为两个阶段：在 10 岁之前，儿童对道德行为的思维判断，主要是依据他人设定的外在标准，称为他律道德；在 10 岁之后，儿童对道德行为的思维判断则多半能依据自己的内在标准，称为自律道德。皮亚杰曾经和一个幼儿有过如下的一段交谈，非常有趣——

皮亚杰：太阳会动吗？

幼儿：会动，你走它也走，你转它也转。太阳是不是也跟过你？

皮亚杰：它为什么会动呢？

幼儿：因为人走动的时候它也走。

皮亚杰：它为什么要走呢？

幼儿：在听我们说话。

皮亚杰：太阳活着吗？

幼儿：当然了，要不然它不会跟着我们，也不会发光。

孩子的自我中心，是孩子心理发展的局限性造成的，他根本意识不到别人会和自己有什么不同，因而不能替他人着想，不能关心别人、理解别人。这种行为是无意识的，不是有意为之的。

看到这里，您可能已经明白了，三四岁的孩子是不懂得分享，而不是不愿意分享，这不是个道德问题，而是个认识问题。在这个年龄段，孩子正在建构自我意识和"所有权"的概念：我、我的、我的东西。在他们心目中，所有的东西都是"我的"，并没有意识到别人也有"我的"，也不明白为什么要跟别人分享。

同时，他们尚未掌握"借"与"还"这种概念，不知道"借"出去的物品还能完璧归赵，而是片面地认为一旦离开手，就意味着永远消失。孩子只有认识到什么是"我的"，什么属于自己之后，才能逐渐意识到什么是他人的，把自己跟其它人的物品分开。

孩子要先弄清楚什么是"我的"，什么不是"我的"，而后才能在反复的社交活动中建立分享意识，逐渐体会到分享的快乐。

所以，我们不能因为一个玩具、一块饼干就给孩子贴上"自私"这样的标签，并且充满焦虑和猜疑地想："他怎么变成这样？"或者"这么自私长大之后怎么和人相处？"

有一个谈话节目中设置了这样一个情景，一架飞机满载乘客，飞行途中没油了，可飞机上只有一个降落伞，他问一个参与做节目的孩子，你看这伞给谁用？孩子几乎不假思索地回答："给我自己用"。这时，台下一片骚动，很多观众窃窃私语：多么自私的孩子啊？

可是主持人没有着急，蹲下来耐心地问："为什么呢？"

孩子满脸泪水，清晰地说道："我要跳下去，找到油后，回来救飞机上所有的人。"

这位主持人是一个善于倾听者，由于他的细腻，让大家看到了与自己最初想法截然不同的真相。所以，我们一定要站在孩子的立场上，倾听、理解、接纳他的想法，而不要先入为主地下结论。

著名的社会心理学家霍曼斯提出，人际交往在本质上是一个社会交换的过程，相互给予彼此所需要的。有的人把这种交换叫作人际交往的互惠原则。

孩子对分享私人物品觉得为难是正常，不要强迫，也不能要求小孩什么都分享，把所有的玩具拿出来让小朋友无限玩。即使是大人，一旦对某样东西产生拥有感，也会非常不愿意放弃它。

其次，尽管孩子的分享意识等道德观念受到认识能力的制约，但这并不意味着父母就可以听其自然，而是要加以主动培养或引导。

小孩自己的东西他有权决定，分享是他的优点，不分享不是不对，抢别人东西才是不对。所以我们教他分享的好处，让他知道分享是一件快乐的事，以及自私的人很难交到朋友。

在平时的生活中，也要有意识地培养他这方面的意识。比如在他吃什么爱吃的东西时，大人可以和他开玩笑："这么好吃的东西，能分给妈妈一点吗？"孩子还听到这样的要求，幼小的心里会斗争一下，等他终于下定决心时，"行，给你吧！"

这时，大人会说："宝宝，真乖！妈妈不吃，宝宝自己留着吃吧。"但是从教育的角度出发，大人应该愉快接受并表示感谢，而千万不可说："最好吃的给宝宝吃"或者"这么好吃的东西，妈妈舍不得吃，专留给宝宝的"一类的话。这种做法，是和对孩子的分享教育效果相抵消的。

妈妈问儿子："今天早上我在食品橱里放了两块蛋糕，准备午餐时吃的，现在只剩下一块了。你说是怎么回事？"

儿子十分惊讶地回答说："噢，里面太黑，我没有看见那一块。"

对于孩子的正确选择，全家人都鼓掌表示宝宝做得对，受到表扬，孩子也非常高兴，慢慢地就养成了分享的好习惯，在和小朋友玩的时候，自然会做出正确的选择。

此外，还要有意地创造"分享"的情境。

在这方面，清代大书画家、"扬州八怪"之一郑板桥就十分清醒。他一向主张应把自己的孩子和仆人的儿女平等对待：

家人儿女，总是天地间一般人，当一般爱惜，不可使吾儿凌虐别人。凡鱼餐果饼，宜均分散给，大家欢喜跳跃。若吾儿坐食好物，令家人子远立而望，不得一沾唇齿，其父母见而怜之，无可如何，呼之使去，岂非割心头肉乎！

在假日里，可以带孩子到亲友家去串门，请有小孩的同事、朋友带孩子到家里来做客，让孩子把自己的玩具、图书拿出来与小伙伴分享。当孩子要外出与其它小朋友一起玩时，鼓励他多带一些美食外出，分给别的小朋友一起吃，慢慢地他就会从这样的活动中体验到分享的乐趣。

此外，还可以定期举行"快乐收礼物"的家庭活动，比如每个月最后一个星期天。在这一天，每个人都要精心准备一份礼物，以抽签的形式，抽到谁，大家就都把礼物送给他，并且告诉对方礼物的含义，让大家体会到，送礼物和收礼物都是一件快乐的事。

58

防御反射：

孩子爆粗口时该怎样批评？

爆粗口是一种人体内在机制，像汽车喇叭一样，实际上有多种功用。

不知从什么时候开始，你突然发现孩子学会了讲粗口，而且还很熟练。制止几次，却依然如故，这到底是怎么回事呢？

孩子讲粗口，主要原因是他觉得能宣泄自己不满和愤怒的情绪。

美国马萨诸塞文科学院（Massachusetts College of Liberal Arts）的心理学家提摩西（Timothy Jay）指出，"爆粗口是一种人体内在机制，像汽车喇叭一样，实际上有多种功用。借由粗口我们能宣泄愤怒、讶异，甚至表达包括幸福快乐在内的许多情感。"

有一位父亲领着几岁大的儿子去商店买零食，可是儿子迟迟地拿不定主意想要什么，父亲有些着急，对儿子说："男子汉做事要干脆，想想平时爸爸是怎样做的？"

儿子眼前一亮，高声地叫了起来："他 X 的，来一瓶二锅头！"

国外的一项研究也证明，当人受到外界强刺激的时候，粗口具有镇痛的功效。实验对象是一群大学生，研究人员把他们的手浸没在冰凉的水中，并计时看他们能忍耐多久。

在这个过程中，允许被试自由重复一句粗话，或是使用较中性文雅的用语。67 名被试表示，在骂粗话的那一次中自己痛感较小，而且平均下来多坚持了 40 秒。

英格兰基尔大学(Keele University)心理学家理查德·史蒂文(Richard Stephens)是这个研究小组的负责人，他认为："当感到疼痛时，人们大多有咒骂和爆粗口的反应。这里面一定有更深层次的原因。事实上我甚至鼓励这种行为。"

这一结论也得到了哈佛大学心理学家史提芬·平克（ Steven Pinker ）的支持。他在其著作《The Stuff of Thought》中，对爆粗口的行为进行了详尽的分析，指出："我猜想这大概是**防御反射**的作用。当生物意外受伤或受限时，会爆发出某种突来的愤怒。这种愤怒多伴随生物发出的一种愤怒声音，以威吓攻击者。而脏话则正是这种防御反射的反应。"

史蒂文教授认为，在通常情况下，比如挥锤砸到手指时，审慎地咒骂几句对镇痛还是有帮助的。但告诫说，这种好处并非一劳永逸。

有一个缺陷是，我们咒骂得越多，其功效也变得越弱。到最后剩下的就只是这句咒骂本身了，而这几个词没有了人类附加的情感则是不具有任何意义的，相应也无法再减轻任何疼痛。

由此可见，偶尔的粗口不过是缓解身心所受强烈刺激的一种反应。也正是由于这个原因，美国有专家指出"讲粗口"是"灵魂的止痛药"。

我们要理解，人始终是人，不可能时刻表现出超凡入圣的修为，遇着令人感到情绪激动的事情时，在积累了一定的情绪后，人都是需要藉着言语及行为将它宣泄出来的。

当孩子在生气、受挫折、失望时，也会偶尔讲粗口并表现得粗野无礼，不过通常这种极端的情绪不会持续得太久。有时大人忍不住要大发雷霆，但这种情况下最好还是克制自己，先了解一下孩子从哪里学到的这些粗话，以及他的情绪的由来。

孩子上学后，生活圈子已不止家庭。在学校、课外班，甚至是互联网，他都可以有自己的朋友。

在交往中，孩子可能会受不良风气影响，以为说粗话能获得认同，为了融入集体而说。也可能是孩子希望在交际中获胜，发觉讲粗口可以"威慑"对手，便会故技重施。也可能是孩子感到无人疼爱或受忽视，发现"不良行为"反而能吸引父母关注，也会乐此不疲。所以爸妈在找寻问题根源时，要跟进孩子的成长。

多数情况下，孩子的情绪可能源于一些在大人看来是鸡毛蒜皮的小事，但对孩子来说，却是他们从未遇到的冲击。要耐心聆听，也让孩子在重述的过程中过滤及领悟事情。父母听完后，也可提出一些解决方案，或与孩子讨论应付方法，帮助他正面而切实地解决问题。

看到孩子讲粗口时，父母要马上向他表明你的立场，可以这样说："我们家每个人都尊重别人，我们从不像刚才那样说话。"要告诉孩子，粗话不一定会吓倒、吓退别人，反而会给别人带来伤害，使人感到很伤心和生气，更会引起对方的鄙视，那是不是孩子想要的效果和希望塑造的形象呢？

要教孩子知道可以用其它方法处理不满的事，让情绪得到适当的排遣。比如听强劲的音乐、看短片、和父母一起讨论解决方法，都是一种发泄不满的方式。

59

附带学习：
要不要禁止孩子玩电子游戏？

电子游戏可能是导致成瘾的源头，也可能是很有效的教育手段。

从 1971 年世界上第一台街机游戏"SPACEWARS"被开发出来至今，电子游戏已经存在了 40 多年。随着越来越多的人开始喜欢上这种娱乐方式，因为玩电子游戏而犯罪的报道也屡见报端。特别是近几年来，有关电子游戏对于孩子的不良影响，也已经报道得够多的了。

在很多人心目中，电子游戏成了导致孩子犯罪的罪魁祸首。

那么，电子游戏是不是真的如有人所说是"电子海洛因"，必须禁止孩子接触呢？

对电子游戏的批评焦点之一，就是成瘾问题。美国心理学家弗吉尔·葛里菲斯（Virgil Griffith）曾经对 387 名 12~16 岁的青少年进行调查。他得出的结论是："由于玩电子游戏有潜在的成瘾可能，在一个 8 岁开始玩电子游戏的孩子比一个十几岁开始玩的孩子之间，它对前者更有害。"

我曾经听过这样一个笑话。一位父亲找不到自己的儿子，就打电话问儿子的同学："你知道小明在哪里吗？"

那同学简洁地回答说："如果他有钱，就在玩电子游戏；如果他没钱，就在看别人玩电子游戏。"

除了成瘾之外，批评的第二个焦点问题是电子游戏导致孩子的攻击性行为。很多研究指出，玩暴力游戏的孩子与其它同龄人相比，表现得更加不友善、心胸狭隘，更容易对暴力习以为常。但是，有关电子游戏和攻击性行为之间的关系，至今还没有哪一项研究获得定论，而且多数研究只调查了短期影响，尚无人对玩家进行长期跟踪以做出更详尽的分析。

不过，玩电子游戏一旦成瘾，就可能如一位芬兰心理学家指出的，对他们的思维和感情产生不良影响。

但是电子游戏也并非是一无是处。因为现代电子游戏已经成为一种复杂多变的娱乐方式，人们在玩的时候必须在多次失败中总结归纳出方法，建构有关游戏世界的系列假设，在遇到障碍时向其它玩家求助，解决问题和谜团，最终学会如何游戏。

对于不玩游戏的家长来说，可能会觉得这都只是浪费时间和精力。其实，玩家在游戏中不仅获得了快乐，同时也无意中自主学习了不少知识：他们得到了良好的空间思维能力，能够同时处理大量的图形信息，在让人迷惑的立体空间中穿行中，其思维的协调能力也得到了提高。

也就是说，电子游戏可以帮助孩子思考，学会如何解决问题和做出决策；这就构成了**"附带学习"**，即从他们所参与的其它活动中无意地学习，而不是像通过阅读书籍那样有意获得显性知识。

同显性学习一样，附带学习也十分重要；虽然现在人们还没有意识到附带学习的重要性，但十几年后，当初通过游戏进行过附带学习的孩子，必定比单纯进行显性学习的孩子更加适应这个社会。

美国福特汉姆大学（Fordham University）针对中学生

所做的一个研究证实了这一结论。研究的内容是上手一款新游戏对解决问题的能力有何影响。他们发现："电子游戏可以提高认知能力和知觉能力。某些电子游戏有利于提高玩家的灵敏程度，也可以提高他们解决问题的能力。这些结论不仅对学生适用，对外科医生也适用。"

在一次美国心理学会年会上，爱荷华州立大学的心理学家道格拉斯·詹蒂莱（Douglas Gentile）展示了一些研究结果，其中包括 33 起在电子游戏影响下的腹腔镜检查手术。

研究显示，在进行腹腔镜检查手术的外科医生中，经常玩电子游戏的与不玩电子游戏的相比，完成一些难度较高的手术时，速度平均要高出 27%，出错率则低 37%。

研究人员还提出，有的孩子虽然玩电子游戏，但是所玩的游戏是亲社会的而不是反社会的。这部分孩子在学校很少惹事，乐于助人。

从原则上来谈论是否禁止孩子玩电子游戏毫无意义，因为电子游戏存在着十几个不同类型，每一个类型都有上千种游戏。电子游戏在几个方面影响着孩子：游戏内容、游戏方式、游戏时间。这也就意味着，不能用"好"或"不好"来简单评价电子游戏。

电子游戏是一把双刃剑，可能是导致成瘾的源头，也可能是很有效的教育手段，可以取得不少出人意料的效果。控制得当是天使，控制不当是魔鬼。我们所要做的，就是根据孩子的年龄和认知情况，帮助他选择，并且有节制地玩。

印刻效应：

看电视会让孩子变蠢吗？

动画片把故事中的角色模式化了，这束缚了孩子的想象力，使孩子的大脑变得更加懒惰。

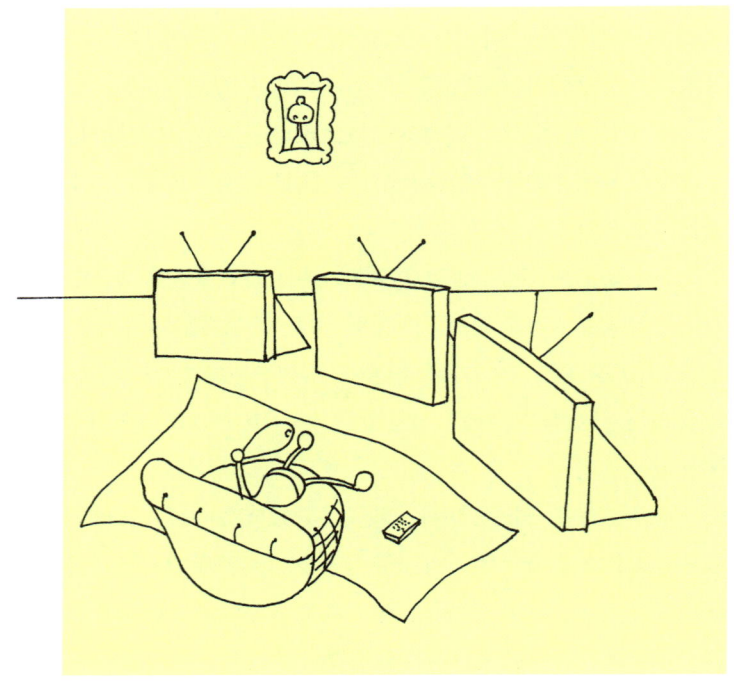

我的朋友S有一个"诡计多端"的孩子，经常和家长斗智斗勇。孩子下午4点就放学回家了，父母要求他不要看电视，先做作业或者练琴。可孩子却趁父母没回家时偷看，等父母快下班时把电视关上。过了几个星期他爸才发现，只好通过摸电视机后面热不热来监督他，才管住他。

可是有一天S下班，却发现电扇很奇怪地放在电视旁，才明白孩子在他下班前先用电扇把电视机吹凉，再拿起书本做学习状。于是，S下班回家的第一件事，又变成了摸电扇后面热不热！

孩子的表现，说明孩子的大脑还没有受到电视太多影响。不过，他还是要小心。这个问题，让我想起了英国奇幻小说家罗尔德·达尔在《查理和巧克力工厂》里面所说的："千万、千万、千万别让孩子，靠近你的电视，最好是别购买、安装这最最愚蠢的东西。"

这句话看似极端，但却是有一个心理学结论做依据的：孩子花在屏幕上的时间越多，他们的注意力问题越多。根据爱荷华州大学的一项研究表明，在6至12岁的孩子中，每天花费超过两个小时看电视者，在集中注意力方面会遇到困扰。

英国儿童和媒介消费研究的专家迪米特里·克里斯塔基思进行了一项研究，对家长和老师进行了关于孩子习惯的调查，并发现在屏幕前耗时多的人，有较严重的注意力问题的可能性，几乎是其它孩子的两倍。

在心理学上，有一个"**印刻效应**"。它是由德国习性学家海纳罗特和洛兰兹提出的，就是我们通常所说的"先入为主"。婴儿出生后一个半月左右，耳朵基本上能听到声音，眼睛也能看见东西了。如果这时就给他长时间看电视，到两三岁时，通常会表现出以下的倾向来：

（1）不会说话；

（2）不能注视母亲的视线；

（3）活动剧烈，无法安静；

（4）喜欢电视中的广告，爱哼唱广告音乐；

（5）独立能力差，日常生活不能自理；

（6）不知道什么是危险的事情；

（7）喜欢机械类的东西，并能较早地学会操作；

（8）显示出很广的知识面。

2007年，约翰斯·霍普金斯大学研究人员发现，每天看电视超过2小时的5岁以下儿童易患行为疾病。同年新西兰学者发表的一份研究报告显示，儿童每天看2小时以上电视，在青春期出现注意力障碍的几率增加约40%。

这可能有两个原因：其一，电视节目画面转换迅速，容易"过度刺激"儿童正在发育的大脑，使他们觉得现实"没劲"。心理学家克瑞格·安德森指出："在屏幕前可能最具伤害的，是那种电视观众或游戏者不得不做出许多快速决定的状态。"

其二，看电视占用了大量原本有利于培养注意力的活动时间，如阅读、运动、游戏等。

玛丽·埃文斯·施密特等美国学者，选取 50 名年龄分别为 6 个月、1 岁和 3 岁的婴幼儿，发给他们各种玩具，让他们玩耍一小时。前半小时中，研究人员打开电视，播放广告和婴幼儿难以理解的成人娱乐节目。后半小时则关闭电视。

观察发现，电视处于打开状态时，婴幼儿似乎并不在意节目内容，每分钟最多看一次荧屏，每次看荧屏时间只持续几秒钟。但他们明显受到影响：玩耍总时间缩短，注意力难以集中。

这种影响不仅仅和孩子待在屏幕前的时间有关，和孩子从中看到的内容也有关系。

今天的孩子看电视除了动画片，基本上就是一些少年儿童节目。即使是动画片，也可能对孩子有不良影响。

有心理学家曾经把一群孩子分成两组，一组孩子是听老师讲白雪公主的故事，一组是看白雪公主的动画片。然后，让两组孩子画出心目中的白雪公主。

听了故事的孩子，画出的白雪公主各不相同，他们会根据想象，赋予白雪公主各种形象、装束和表情；而看了动画片的孩子，画出的白雪公主全都一模一样，因为他们看到的都是一样的。

过了一段时间，研究者又让这两组孩子再画白雪公主。听故事的孩子，这次画的和上次的又不一样，因为他们又有了新的想象；而看过动画片的孩子，画的和上次还是一样的……

这个例子的结论是什么呢？动画片把故事中的角色模式化了，这束缚了孩子的想象力，使孩子的大脑变得更加懒惰。所以，即使是优秀的动画片，也需要家长陪着孩子看，而且要在看的过程中与孩子交流互动，不要让孩子独自地、长时间地看。

美国国家身心健康研究会曾经围绕电视对孩子的影响展开讨论，并书写了一份题为《电视与孩子》的报告。报告明确指出，不只是武打镜头，就连动画片也会导致孩子们行动上的粗暴。哥伦比亚广播公司非常赞同这一观点，它说："大多数十几岁的男孩子看完武打片后，都学会了打架。"其实，被变得粗野的又何止是男孩呢？

三岁的女儿缠着爸爸讲故事，爸爸搔了搔脑袋说："今天就讲个喜羊羊和灰太狼的故事吧。"

小女孩非常开心，撒娇说："爹地，你来当灰太狼，我当红太狼好不好？"爸爸刚"嗯"了一声，"啪"的一声搌了个大耳光，只见女儿叉着腰朝他怒气冲冲地吼道："还不赶快去给我抓羊！"

诚然，电视的主要作用是"娱乐"，而不是教育。但对于孩子来说，教育与娱乐两者之间很难区分。一些具有教育性的节目，事实上可能会益于孩子们的学习。因此，屏幕的

就把孩子当孩子

影响，并不能意味着把电视或电脑跟孩子绝对隔离。

那么，我们应该怎么做呢？

英国的华德福教育专家马丁·洛森说："如果你能让孩子在十一二岁之前不看电视，他们终生都将获益。"我们也许做不到这一点，但却可以听从美国儿科学会建议，每天只允许孩子们在屏幕前待一至两个小时。

我们要告诉孩子，电视就是电视，它不是真实生活！真实生活中，所有人都必须离开电视去运动和工作！他没必要总是待在屏幕前，很多户外项目都是不错的选择！

同时，我们应当清楚地掌握自己的孩子在看什么节目，以及他们看了多长时间。应该和孩子一起看电视，多和他们交流感受，在需要时对节目加以解释，而不能让孩子自己被动地去看。看完电视后，还应和孩子们一起讨论，把电视节目变成激发思考的一个工具。

（京）新登字083号

图书在版编目（CIP）数据

就把孩子当孩子：好家长应懂的60条心理法则 / 王春永编著.
－北京：中国青年出版社，2014.8
ISBN 978-7-5153-2560-6

Ⅰ.①就… Ⅱ.①王… Ⅲ.①家庭教育－教育心理学Ⅳ.①G78
中国版本图书馆CIP数据核字(2014)第157818号

责任编辑：李佼佼
装帧设计：瞿中华
出版发行：中国青年出版社
社　　址：北京东四12条21号
邮政编码：100708
网　　址：www.cyp.com.cn
营销中心：010-57350370
编辑电话：010-57350501
印　　刷：三河市君旺印务有限公司
经　　销：新华书店经销
规　　格：889mm×1194mm　1/32
印　　张：10.25
字　　数：251千字
版　　次：2015年1月北京第1版
印　　次：2015年1月河北第1次印刷
定　　价：35.00元

本图书如有印装质量问题，请凭购书发票与质检部联系调换 联系电话：010-57350337